L'Adolescent

En 1935, parmi les livres retenus pour le prix Akutagawa, figuraient deux nouvelles d'Osamu Dazai, qui n'avait pas encore écrit *La Déchéance d'un homme*, mais défrayait déjà la chronique à cause des tumultes de sa vie amoureuse : une geisha s'était enfuie de la maison qui l'avait achetée pour retrouver, à Tokyo, le tout jeune écrivain, encore étudiant. La famille de Dazai, riches propriétaires terriens, paya l'affranchissement de la geisha et autorisa le mariage, à condition que l'héritier abdique tous ses droits. Ce qu'il fit, avant de tenter un double suicide en compagnie d'une serveuse de bar. Il survécut, épousa la geisha, voulut une nouvelle fois se donner la mort, en réchappa.

C'est donc ce personnage à scandale que les jurés du prix Akutagawa renoncèrent finalement à couronner. Kawabata appartenait au jury. On se serait attendu à ce qu'il prît le parti de Dazai. Mais, alors que, dix ans plus tard, il devait apporter son soutien à Mishima le débutant, Kawabata, en cette année 1935, se rangea du côté des indignés et contribua à saper la réputation de Dazai, regrettant, dans un article, que les « nuages de scandale suspendus au-dessus de la vie privée de Dazai nuisent à son génie ». Dazai répondit par une lettre ouverte véhémente où il traitait Kawabata de scélérat et menaçait de lui faire la peau...

On aurait de la peine à croire en l'authenticité de cet épisode qui donne une image si moralisatrice de Kawabata, si lui-même, dans un des textes autobiographiques rassemblés ici, *Lettres à mes parents*, écrites entre 1932 et 1934, ne rapportait des propos qu'il a tenus contre le mariage d'une de ses relations avec une prostituée. Propos « considérés comme sévères, de la part d'un romancier à l'esprit large, de qui on attendait une réponse favorable ».

Le jugement de Kawabata était d'autant plus surprenant que lui, l'homme de lettres paisible, futur prix Nobel, partageait avec Dazai, le décadent, le fils de famille clochardisé, toujours en lutte contre l'« ordre ancien », une commune passion pour le monde canaille. Dazai s'y jetait avec le rêve secret de détruire en lui l'aristocrate, le propriétaire terrien, le gosse de riches; Kawabata y flânait à la manière d'un visiteur, d'un observateur, persuadé que sa condition d'orphelin fait de lui un passeur entre le monde des marginaux et l'univers des gens normaux.

Parus, pour la plupart, entre 1920 et 1930, les textes de ce recueil appartiennent, comme *Les Servantes d'auberge* et *Chronique d'Asakusa*, à ce qu'il convient d'appeler l'œuvre de l'immaturité. Après le « roman qui se tient dans le creux de la main », expérimenté dans *Les Servantes d'auberge*, après le reportage littéraire (les enquêtes à Asakusa, fief de la mauvaise vie), Kawabata livre une autobiographie en miettes. L'album comporte essentiellement des lettres et des journaux : notes sur un camarade d'internat; lettres aux parents morts de tuberculose au lendemain de sa naissance – élégies adressées à un cimetière et vendues à des revues de jeunes filles pour « payer son loyer »; enfin, le journal d'un adolescent élevé par ses grands-parents,

(Suite au verso.)

dont le cahier était conservé dans une vieille mallette, celle-là même qui accompagnait son père médecin dans ses visites aux malades.

Un unique motif parcourt cette autobiographie en forme d'invocation aux morts : « Il est très difficile pour un homme qui ignore ce qu'est l'amour de ses parents de croire à sa capacité d'aimer. » Kawabata dresse le portrait d'un être faible, malingre, d'une tristesse immémoriale, accusant ses parents d'avoir fait de lui un exclu et de n'avoir laissé, gravée dans son cœur, que « la peur de tomber malade et de mourir jeune ».

Deux figures dominent ces textes. L'une, lumineuse, l'autre, sombre. La première est celle de Kiyono, le bel adolescent qui partageait avec Kawabata sa chambre à l'internat, où ils entretenaient des rapports d'une troublante proximité. Kawabata s'était autant épris de la beauté de Kiyono que de la normalité et du bonheur affichés par ce fils de famille jamais torturé par le doute et qui ne demandait qu'à suivre la voie tracée par son père, à vénérer le dieu vénéré par son père, homme riche et puissant.

Un enfant choyé par des « parents respectables », voilà ce qu'aimait en son camarade d'internat Kawabata l'orphelin élevé par un grand-père « infantile et fou », auteur d'un traité sur l'importance de la géomancie dans la construction d'une maison : il appliquait ses intuitions de géomancien en détruisant des maisons qu'il reconstruisait ensuite avant de vendre pour trois fois rien les terres qu'il possédait. L'adolescence de Kawabata s'acheva sur un huis clos avec ce grand-père ruiné, aveugle, grabataire, qui procura à l'écrivain sa première matière romanesque, sa première « extase du néant » : il avait installé, au chevet de l'aveugle, un tabouret au bord duquel était fixée une chandelle. C'est sur ce tabouret qu'il prit des notes sur l'agonie du grand-père qui ne voyait et ne soupçonnait rien...

Linda Lê

YASUNARI KAWABATA

Prix Nobel de Littérature 1968

L'Adolescent

Récits autobiographiques

TRADUIT DU JAPONAIS PAR

SUZANNE ROSSET

ALBIN MICHEL

LETTRES À MES PARENTS

Première lettre

Je dois écrire une courte nouvelle pour une revue destinée à des jeunes filles mais, malgré tous mes efforts, je n'arrive pas à imaginer le genre d'histoires qu'elles aiment. Constatant mon incapacité, je me suis contenté d'écrire ce qui me venait à l'esprit et d'appeler cela *Lettres à mes parents*. Ce titre de nouvelle risque de paraître trop banal mais, depuis que je suis né, je n'ai encore de ma vie écrit de lettre à mes parents. Et je n'en aurai jamais l'occasion à l'avenir. Si ces jeunes filles pouvaient seulement comprendre qu'il s'agit de « lettres à des parents défunts », peut-être ressentiraient-elles quelque émotion. Car aucune d'elles n'a sans doute éprouvé personnellement la désolation d'un enfant orphelin et, si l'on se réfère à ma propre expérience, les larmes pathétiques que tirent un tel récit peuvent paraître incompréhensibles. Reste à savoir si mes lettres plairont à des jeunes filles amenées à un tel sentiment de pitié.

Bientôt, je serai à l'aube de mon trente-quatrième printemps. « Vous »... j'ai beau essayer, je n'arrive pas à vous appeler « Père » et « Mère ». Me reste-t-il encore un peu de temps avant d'atteindre l'âge que vous aviez à votre mort ? C'est étrange, mais je ne sais même pas à quel âge vous avez disparu. J'ignore même quel âge vous aviez lorsque je suis né. Comme vous étiez officiellement mariés, ce sont vos parents qui m'ont recueilli, et bien souvent vos frères et sœurs ont évoqué votre âge, mais j'ai beau faire, je suis incapable de m'en souvenir. Non que je m'évertue particulièrement à l'oublier, mais une sorte de crainte au fond de mon cœur m'en empêche peut-être. Depuis ma plus tendre enfance, cette angoisse est profondément enfouie en moi.

Voilà déjà cinq ou six ans que je suis marié, mais je n'ai pas encore pu avoir d'enfant. Je ne suis pas de ceux qui ont une aversion particulière pour les enfants et, de plus, contrairement aux apparences, ceux-ci s'attachent volontiers à moi. Ma femme prétend que je suis un enfant. Et l'épouse qui me prête un cœur enfantin est idéale pour moi. Malgré tout, je n'ai jamais eu l'impression d'avoir été un enfant. C'est pourquoi jouer avec eux est mon paradis secret et, s'il m'arrive d'être vu alors que je me livre à leurs jeux, je me sens honteux comme si l'on m'avait surpris en train de voler quelque chose. Pour un Japonais, peut-être est-ce là un sentiment banal auquel se mêle la crainte masculine de devenir père.

Il y a une dizaine d'années peut-être, j'étais assis près d'un petit brasero en face d'une fillette d'environ cinq ans. Soudain, elle tendit le cou et m'embrassa sur les lèvres. Étonné, je reculai mon visage et, de mes doigts, essuyai ma bouche comme si elle avait été souillée. La fillette voulait tout simplement imiter ses parents. Maintenant qu'elle va au lycée, je me demande si elle a gardé de cette histoire un quelconque souvenir. En tout cas, en ce qui me concerne, je n'en ai conservé qu'un seul : celui d'avoir mal agi. Avoir été embrassé sur les lèvres par une petite fille de cinq ans, cela ne m'est sans doute pas arrivé deux fois dans ma vie. En fait, j'ai peur de donner naissance à un enfant. Je ne peux supporter l'idée de jeter dans ce monde un orphelin comme moi.

Avec les années, je suis devenu robuste, et ma femme, par ailleurs, a toujours joui d'une bonne santé, donc, théoriquement, je ne peux donner naissance ni à un jeune orphelin, ni à un être faible comme moi. Ce sentiment que je sens enraciné au plus profond de mon être paraît illogique. En réalité, c'est vous qui en êtes responsables puisque vous avez planté en moi cette angoisse irraisonnée. Ce n'est pas votre faute si vous aviez une mauvaise santé, vous qui étiez médecin, et bien entendu il y a sans doute d'autres raisons pour que je ne veuille pas donner naissance à un enfant, mais celles-là, il n'est pas opportun que je vous les révèle.

Ma femme non plus ne désire pas d'enfant. Toutefois, lorsque naissent des chiots, je les chéris comme de jeunes êtres humains, je leur donne à téter, je les mets dans ma poche et leur murmure des mots tendres comme s'ils étaient mes propres enfants. Si alors je me sens vraiment apaisé, je sais que cela est dû à ma naïveté naturelle. Quand naissent des chiots, pendant un mois, je place leur panier à côté de mon bureau et je passe toutes mes nuits à les regarder sans les toucher. Je leur prodigue toutes sortes de soins et ne fais absolument plus rien d'autre. S'il s'agissait de mon propre bébé, je serais sans doute un père aimant et très attentionné. Quand on a un chien, on éprouve une grande joie à élever son chiot. Quand je vis avec les bêtes, je me sens plus calme qu'avec les hommes. Je suis plus détendu lorsque je m'occupe d'un chiot que lorsque je m'occupe d'un bébé. Plutôt que de donner naissance à mon propre enfant, en adopter un me rassurerait. J'ai l'impression que devenir père comporte un grand danger. Si un enfant adopté est malheureux, les parents peuvent au moins penser que ce n'est pas leur faute. Mais vous qui êtes morts quand j'avais deux ou trois ans, ce serait de votre part une monstrueuse prétention de croire que j'ai été malheureux. Non, ce n'est pas que j'aie été malheureux, mais je crains de ne pouvoir rendre heureux ceux qui me sont proches. Il est très difficile pour un homme qui ignore ce qu'est l'amour de ses parents, de croire à sa propre capacité d'aimer.

Je dis souvent à ma femme qu'il est impossible de vivre avec des gens qui n'ont pas confiance dans la vie. Elle n'a aucune occupation particulière et ne s'adonne à aucun passe-temps comme la peinture ou la musique. Elle ne m'aide pas non plus dans mon travail. Je lui interdis de lire ce que j'écris. Elle ne s'intéresse guère, non plus, aux toilettes ou aux fards, et n'aime pas particulièrement s'occuper de notre jardin. Alors, où peut-elle bien trouver, au fil des jours, un intérêt à la vie ? À n'importe quelle heure de la journée, si je mange, elle se met à avoir envie de manger, et si je me couche, elle a envie de dormir. Du coup, nous ne cessons de nous disputer et je constate que sa vitalité décroît de jour en jour. Assis en face d'elle sur les tatamis, je ne songe qu'à notre séparation. À force de lui mettre dans la tête l'idée de prendre de la distance, son espoir de rester avec moi s'amenuise chaque jour davantage, et maintenant elle commence à entrevoir, alors qu'elle n'y avait pas encore songé, la possibilité d'ouvrir un petit bistrot où les gens viendraient boire et se restaurer, et cela est devenu son nouvel horizon. Tout ce que je peux faire actuellement, c'est l'aider à prendre confiance en elle, et la persuader qu'elle peut être aimée de tous. Donc, le plus beau cadeau que je puisse lui faire, c'est de lui communiquer moi-même cette assurance nécessaire à toute personne lancée dans le monde. Si je réussis à renforcer ce sentiment, sans me laisser aller à des excès qui feraient d'elle un objet de dérision, je suis bien persuadé qu'elle pourrait être aimée de n'importe quel homme ou de n'importe quelle femme. Lorsque des gens viennent nous rendre visite, mon épouse les prie de venir s'asseoir à côté d'elle, et moi, fidèle à mon rôle de spectateur silencieux, j'éprouve un immense soulagement à les voir ne me prêter aucune attention et s'intéresser ouvertement à ma femme. Lorsqu'elle revient à la maison après l'une de ses sorties en ville, elle est toujours gaie et pleine de vie. Ce n'est pas le fait d'être dehors qui la rend si enjouée, c'est de se sentir aimée de ses voisins. Mais elle n'est pas vraiment consciente de la situation, et lorsque je lui en parle, elle hoche la tête en disant : « Oui, c'est bizarre, mais tu as peut-être raison ! »

Dans ces conditions, et n'ayant pas à me plaindre de son caractère, je n'ai aucune raison de répéter à ma femme que je veux me séparer d'elle. Le seul prétexte que je puisse invoquer est que la route qu'elle suit avec moi n'est pas celle du bonheur. Depuis l'âge de dix-sept ou dix-huit ans, elle n'a pas été heureuse, car elle a subi de ces peines qui font blanchir les cheveux en une nuit. Et moi, le soir, je m'amuse à essayer de lui retirer un à un ses cheveux blancs, mais son tempérament ne lui permet ni de vaincre, ni de maîtriser une telle situation. En un mot, c'est le genre d'épouse sans histoires et bonne mère. Elle ne peut espérer qu'une seule chose : avoir un enfant. Si vous qui êtes décédés avez une âme, ce n'est pas à moi, mais plutôt à ma femme que vous devriez présenter des excuses. Elle est d'une famille nombreuse, mais moi j'ignore ce que c'est que d'avoir des proches, et je frémis à la pensée que votre fille, c'est-à-dire ma sœur aînée, pourrait être encore en vie. Il m'est impossible d'imaginer qu'il puisse exister un lien entre la femme que l'on aime et ses proches parents, même si je les voyais ensemble.

Vais-je décrire le genre de femme que je pourrais aimer ? L'évocation d'une jeune fille élevée dans un foyer tranquille m'émeut jusqu'aux larmes, mais comment aimer une telle personne ? Elle ne serait qu'une étrangère pour moi. Par contre, je serais fasciné par une jeune fille grandie dans le malheur, loin des siens, qui refuserait de se laisser aller à sa propre infortune, lutterait pour dominer son désespoir et, face à la pente glissante, garderait confiance en elle et resterait persuadée de la victoire finale. Mon amour serait tel que je lui rendrais, ainsi qu'à moi-même, un cœur d'enfant. Voilà pourquoi je m'en tiens aux filles qui sont encore des enfants et pas tout à fait des adultes. Une jeune fille, tout juste femme, ne peut ressentir tout de suite d'amour profond. Il m'est arrivé d'ouvrir mon cœur à une jeune fille que l'on pouvait qualifier d'adulte et, me voyant éconduit, d'avoir à la raccompagner en taxi. Le lendemain, allant l'accueillir alors qu'elle descendait de voiture, pensant que nous nous reverrions en amis, j'éclatais de rire. C'était une joie spontanée qui n'avait rien d'étrange. Toutefois, craignant une certaine légèreté, je cherchais à me contrôler, et alors, soudain, un rire franc fusait de quelque part. Par contre, s'il s'agissait d'une de ces jeunes filles encore immatures, incapables de rire franchement, moi-même je ne pouvais pas rire, j'avais plutôt le cœur serré. Même si elle affectait un sourire gracieux, cela la faisait paraître encore plus misérable. Et si nous nous perdions de vue, elle disparaissait à une vitesse effrayante dans les tréfonds du monde. Toutefois, si j'en parle ainsi, cela ne veut pas dire que j'en aie rencontré beaucoup. Mon éveil amoureux ne relève que du conte de fées. Je n'ai jamais non plus eu l'intention de porter la main sur une seule jeune fille, ni essayé de lui communiquer ce que je ressentais. Mais, dix ans plus tard, lorsque ces adolescentes prennent conscience qu'elles ont atteint l'âge mûr, elles se souviennent de moi avec nostalgie et pleurent pour me revoir. Je n'aime pas ce qu'on appelle le « passé ». Voilà, en gros, ce qu'était pour moi, l'amour.

À vingt-trois ans, je voulais me marier avec une de

ces jeunes adolescentes de seize ans. Afin d'obtenir la permission de ses parents, je me suis rendu avec des amis dans une région du Nord, à l'approche de l'hiver. Le père de la jeune fille était un modeste employé d'école. Tout en bavardant dans les locaux du dortoir qui se trouvait juste à côté, je tirais sur les manchettes de ma chemise afin qu'elles recouvrent mes mains que je tendais vers la chaleur de l'âtre, au milieu de la pièce. Je craignais qu'on ne vît mes poignets fins et maigres. Mes amis dirent soudain que mon père avait été tué pendant la guerre russo-japonaise. Je me mis à rougir et souris faiblement, non parce que je cherchais à cacher la mort de mes parents encore jeunes à la suite d'une maladie honteuse, mais je me demandais comment, dans ces conditions, on pourrait confier sans appréhension sa fille à un garçon comme moi, de si faible constitution. Combien de fois n'ai-je pas cherché à me réhabiliter en prétendant que je n'avais fait appel à un médecin qu'une seule fois dans ma vie, pour une rougeole. Je me suis souvent justifié ainsi. Lors de la visite médicale pour le service militaire, j'étais horrifié à l'idée de montrer mon corps si malingre. Aussi, environ un mois avant, j'allai me reposer aux sources thermales d'Izu, puis j'arrivai au village indiqué sur la convocation deux jours à l'avance pour me remettre des fatigues du voyage et avaler dix œufs par jour. Malgré tous ces efforts, le médecin militaire ne fit que me réprimander en me demandant en quoi un écrivain comme moi pourrait bien être utile à la nation avec une pareille constitution.

Vous, Père, qui étiez un fils cadet, vous avez échappé au service militaire en prenant le nom d'une famille sans enfants qui vous avait adopté temporairement. Moi qui n'ai jamais eu l'occasion de rêver de vous, je me souviens pourtant bien de ce nom. Si je devais prendre un pseudonyme, c'est celui-là que je choisirais en souvenir de vous, et, si je devais aller à l'hôtel avec une maîtresse, c'est sous votre nom, Mère, que je l'inscrirais, quitte à me sentir gêné si on me demandait des précisions. Mais, une telle chance ne m'a jamais été donnée. Pourtant, même aujourd'hui, j'aimerais tant pouvoir agir comme si vous étiez encore en vie.

Naturellement, mon point de vue sur la vie et la mort est marqué par l'amour que j'ai pour vous, au fond du cœur.

Père et Mère, reposez en paix, vous qui êtes morts sans avoir laissé à votre unique fils aucun moyen de se souvenir de vous.

Deuxième lettre

Si je remonte à mes plus anciens souvenirs d'enfance, je vois mon grand-père, l'unique personne de ma famille, avec qui j'ai vécu seul dans une maison à la campagne. C'était comme vivre avec un père qui ne m'aurait montré sa silhouette que de dos. Et comme on ne peut rien voir de dos, mon grand-père ne me voyait pas. Vers la fin de sa vie, il était devenu aveugle ; le chien qui se trouve dans ma chambre me fait penser parfois à lui. Si une femme cajole beaucoup son chien et que son époux a encore envie de la rejoindre, l'animal, croyant à une dispute, se met à aboyer et à mordiller les pieds du mari. Mais la plupart des chiens ne cherchent pas particulièrement à regarder les couples en de pareils moments. De plus, ils ne s'étonnent pas devant un tel spectacle en s'interrogeant sur le sens de cette conduite imbécile. Voilà une attitude dont on peut leur savoir gré. Or vous, mes parents, vous n'avez jamais froncé les sourcils, vous ne m'avez jamais réprimandé à propos de ce que je voulais faire. Bien sûr, vous pouvez constater maintenant ma mauvaise humeur et le ressentiment que je nourris envers vous, mais le bonheur d'avoir des parents, n'est-ce pas de se laisser aller et d'adopter n'importe quelle conduite imbécile ? Si l'on pouvait observer au grand jour le comportement insensé que peuvent avoir les parents devant leurs enfants, ou les maris devant leur femme, on croirait que le monde n'est rempli que d'imbéciles ou de fous. Par contre, c'est un spectacle plutôt désolant de voir quelqu'un se conduire comme un idiot seul devant un mur, alors que personne ne le regarde. Parfois, je me demande si le charme d'une femme ne consiste pas justement à faire naître chez autrui le désir d'être séduit par un comportement fantasque. C'est pourquoi, s'il m'arrivait d'aimer une jeune fille, je préférerais ne pas prononcer devant elle de mots d'amour, à condition que cela n'affecte pas pour autant ma santé, mais je regretterais malgré tout, ma vie durant de ne pas avoir eu l'audace de lui avouer mon embarras. Aurais-je l'insolence de me conduire sottement devant sa photo ou derrière son dos, alors qu'elle ne peut rien voir de mes bizarreries ? C'est lorsque ces idées folles me traversent l'esprit que je me souviens de mon grand-père. Pendant des années, j'ai vécu en contemplant son visage d'aveugle, comme un portrait ou une photo. Je le regardais d'autant plus qu'il ne pouvait me voir. J'étais devenu très égoïste à la maison et je faisais bien souvent trembler grand-père de colère. J'avais les larmes aux yeux et, regrettant ma faute, je le regardais fixement, mais il ne pouvait voir mes larmes et ne cessait de tempêter contre moi. Sachant qu'il ne pouvait qu'ignorer mon repentir larmoyant, je n'avais aucune honte à pleurer. C'est exactement comme si je m'étais trouvé, tête baissée, face à quelqu'un de dos. Même en dehors de ces moments-là, il m'arrivait de contempler son visage et de me sentir, moi qui étais adolescent, d'une indicible tristesse. L'habitude que j'ai acquise depuis de scruter les visages vient sans doute de ce que j'ai vécu pendant des années seul avec un aveugle.

Un jour, la jeune fille que je voulais épouser se redressa et, sans baisser les yeux, se cacha le visage avec le revers de sa manche. Alors je me rendis compte qu'à nouveau je m'étais laissé aller à ma mauvaise habitude et j'en parus affligé. Je lui demandai si elle me laisserait la regarder en face. « Oui, mais pas comme ça ! – Pourquoi ? Qu'est-ce qui ne va pas ? – Bon, d'accord, d'accord ! » dit-elle, et, comme elle baissait sa manche, je pus lire sur son visage l'effort qu'elle faisait pour me laisser la regarder, et moi, du coup, je détournai les yeux. « J'aimerais m'habituer à ton visage, mais je me sens un peu gêné. » Alors, la jeune fille rougit légèrement et dit avec des yeux malins : « Mon visage ? À partir de maintenant, tous les matins et tous les soirs, tu ne le trouveras plus tellement extraordinaire. Pour ça, tu peux être tranquille. »

De cette petite histoire, j'ai fait une courte nouvelle il y a huit ou neuf ans. Les mots qu'elle avait employés pour dire que son visage deviendrait banal étaient une de ses inventions verbales qui signifiait tout simplement que nous étions fiancés. Quand elle se cacha le visage avec sa manche, nous étions dans une auberge au bord d'un fleuve. Environ un mois après, nous nous sommes fiancés dans une autre auberge, sur la rive opposée. Mais un mois plus tard, nous avons rompu. Dans la première lettre que je vous ai adressée et qui ne vous a sans doute pas été distribuée au cimetière, je vous ai parlé du voyage que j'avais fait dans une région du Nord avec des amis pour rencontrer son père. Pendant des années, je n'ai cessé de penser à elle, et maintenant je n'ai plus tellement envie d'écrire à son sujet. Mais, avant-hier, dix ans après notre rupture, elle est venue me rendre visite chez moi, et lorsqu'elle s'en est allée, j'ai aperçu de loin sa triste silhouette.

Plusieurs fois déjà, dans cette lettre, j'ai parlé de « silhouettes de dos ». Rares sont les occasions où un homme se sent bouleversé au point que l'image de quelqu'un vu de dos se grave profondément dans sa mémoire. Pourtant, ce fut assurément le cas pour la silhouette de cette jeune femme dans la nuit. Arrivée vers six heures de l'après-midi, elle est repartie vers onze heures du soir. Je l'ai raccompagnée jusqu'à la porte, et comme la nuit était assez avancée, j'ai dû ouvrir les volets qui avaient sans doute été tirés par la bonne à son retour des bains publics. Elle est sortie la première, vêtue d'un manteau noir jeté sur une longue veste sombre. J'avais déjà remarqué ce noir, alors que nous étions dans mon bureau large de trois tatamis, et je m'étais demandé s'il ne s'agissait pas d'une teinture. Voilà qu'à nouveau j'étais en proie à de singulières pensées, mais, en réalité, c'était sous le coup d'une émotion intense. Rappelons que m'adresser à vous, chers parents décédés, n'est pour moi qu'un procédé, car ces lettres vont être jetées en pâture au public. Si cette jeune femme est revenue me voir au bout de dix années, c'est parce que je suis devenu écrivain. Ayant passé la moitié de son existence dans des conditions malheureuses, l'évocation de sa malchance se trouve encore enrichie par le fait que, dix ans auparavant, elle avait été fiancée avec un romancier en herbe. Mais elle ne semblait pas en être consciente. Se souvenir de moi en lisant le roman que j'ai écrit sur elle est devenu une sorte d'échappatoire à son propre malheur, une consolation. Elle m'a demandé, à moi qui étais un ami si intime, de ne souffler mot à personne de sa visite. Pendant deux ou trois ans, sept ou huit ans, peut-être, elle a dû réfléchir à cette visite qu'elle me ferait et cela a dû être une épreuve pour elle de venir jusqu'à chez moi. Elle a répété plusieurs fois que jamais je n'aurais pu imaginer qu'elle eût pu venir et que je trouvais sans doute cela impudent de sa part. La petite bonne, qui justement était en train de balayer le jardin, lui avait ouvert la porte et elle s'était sentie soulagée. Mais à ce moment-là, ma femme, en colère, avait demandé qui était cette personne qui ressemblait à un chat en maraude. Du coup, la bonne avait rouvert la porte, et la jeune femme s'était enfuie quelques maisons plus loin. Puis elle était revenue trois fois voir s'il y avait quelqu'un et elle s'était avancée jusqu'aux marches du perron afin de poursuivre son enquête, car elle ne savait pas exactement à quel numéro se trouvait la maison, ni qui y habitait. En effet, la nuit précédente, une danseuse de music-hall, Mlle Hishinuma, m'avait dit qu'une jeune femme était venue deux ou trois fois auparavant à sa loge demander si j'étais à Tôkyô, parce qu'elle avait lu dans un journal ou une revue que j'étais conseiller artistique de la troupe. Mais il semble qu'elle ne connaissait que le nom de la rue, Sakuraki-machi, et pas le numéro. Elle avait pénétré dans le parc d'Uéno par l'entrée principale, l'avait traversé, s'était renseignée et adressée deux fois au poste de police. Donc, comme elle ne connaissait pas bien le chemin du retour, je ne savais pas si je devais l'accompagner jusqu'à l'arrêt du bus ou appeler un taxi, et, craignant que ma femme ne le prît mal, je ne fis rien du tout. Je passai devant elle, ouvris la porte de la maison et allai jusqu'au portail donnant sur la rue qu'elle poussa et referma elle-même. Son allure n'avait rien de particulièrement séduisant, et je n'eus pas non plus le temps de la regarder de dos, mais juste au moment où la porte se referma, une émotion m'envahit soudain comme si j'avais aperçu la silhouette profondément pitoyable d'une jeune femme que j'aurais accompagnée vers un pays lointain jusqu'à la limite extrême du temps. Elle a attendu dix ans pour venir à ma rencontre, et peut-être me faudra-t-il encore attendre dix autres années avant de la revoir.

Naturellement, cette nuit-là, mon épouse et moi eûmes beaucoup de mal à dormir, et je pris deux fois plus de somnifères que je n'en prends d'habitude, dans les grandes et rares occasions. Aussi, hier matin, lorsqu'elle me secoua fortement pour me réveiller, j'avais le vertige. Elle me dit qu'une jeune femme attendait que je sois réveillé. Quelle était donc cette nouvelle apparition ? Il y avait bien sept ans que je n'avais pas vu cette femme-là, mais sa visite n'était pas aussi inattendue que la première. En effet, j'avais reçu une lettre d'elle quelque temps auparavant, et cette lettre m'avait encore plus surpris que la visite de l'avant-veille. De plus, elle ne m'avait encore jamais écrit. Sept ou huit ans plus tôt, je la rencontrais souvent car nous habitions le même quartier, mais notre type de relation ne nous avait pas amenés à échanger des lettres. De même que la jeune femme venue avant-hier avait, semble-t-il, dit à la bonne que je l'avais sans doute oubliée, celle d'hier avait écrit que je l'avais certainement complètement oubliée. Quand la servante était venue m'annoncer le nom de ma première visiteuse – en fait, c'était son nom de jeune fille, je l'avais confondu avec celui d'un romancier. Mais quand elle m'avait précisé qu'il s'agissait d'une dame, j'avais aussitôt pensé à cette amie que je n'avais pas vue depuis dix ans et cela ne m'avait pas semblé particulièrement étrange. Pas un jour ne s'était passé depuis sept ou huit ans, sans que je pense à elle. Par contre, le souvenir de celle qui est venue hier avait depuis des années complètement disparu de ma mémoire, à tel point que lorsque j'avais vu sa lettre, je l'avais attribuée à quelqu'un d'autre, car, dix ans plus tôt, dans le café de mon village natal où travaillait la jeune fille d'avant-hier, une serveuse portait le même nom. Elle m'avait écrit, parce que, à la fin de l'année dernière, elle voulait me voir pour me parler d'une amie, mais comme elle trouvait incorrect de venir chez moi, elle me priait de lui fixer un lieu de rendez-vous. J'imaginais que celle dont elle me parlait était sans doute un de mes anciens amours et comme je faisais traîner un peu une réponse laconique, elle avait changé soudain de ton et m'avait demandé si cela me dérangeait qu'une femme comme elle m'écrivît. Du coup, surpris, je lui avais adressé un mot d'excuse en me disant qu'elle avait peut-être changé de nom après son mariage. Tout en poursuivant la lecture de la lettre, j'évoquais, non pas l'image de deux étudiantes, mais plutôt celle du corps entièrement nu de l'une d'elles, que j'avais regardé furtivement alors qu'elle était debout dans le vestiaire des bains publics. Jamais auparavant je n'avais vu de chair aussi souple et ferme, et le souvenir de cet instant, rêve à la fois fantasmatique et vivifiant, ne pouvait s'effacer de ma mémoire. La lassitude de la vie terrestre, sans aucun lien avec cet idéal merveilleusement lumineux, devait-elle ternir la lettre d'une fille connue sept ou huit ans auparavant? Son père était mort d'un cancer à l'estomac. Chargée d'un petit frère de neuf ans, elle n'avait personne sur qui compter et ne pouvait trouver de travail pour se nourrir. Sa seule amie s'étant mariée le mois précédent, elle se trouvait complètement isolée. Nostalgique après avoir vu ma photo à la première page d'une revue, elle m'avait écrit pour me demander si je ne pouvais pas lui trouver un travail. Toutes les deux, elles avaient l'habitude de sortir avec quatre ou cinq d'entre nous lorsque nous étions étudiants, mais à part moi, dont le nom était imprimé tous les mois à cause de ma profession, elle n'avait de nouvelles de personne. Dans le mot qu'elle m'adressait, elle me demandait de faire savoir à tous ceux d'autrefois qu'elle était encore en vie. Comme dans ma réponse, je lui avais dit que pour le moment je ne voyais aucune chance de lui trouver du travail, mais que, si elle en avait l'occasion elle pouvait venir me voir et bavarder du passé, elle s'était présentée hier matin. Tout en retirant mon vêtement de nuit, j'expliquai à ma femme en riant qu'en fait, elles étaient toujours à deux, et que je ne savais pas laquelle des deux était venue, si c'était la jolie ou l'autre. En tout cas, je ne pouvais dire, avant de l'avoir vue, si celle qui m'avait adressé la lettre était la plus belle.

Si la jeune fille venue avant-hier est restée cinq heures assise sur le tatami, celle d'hier s'en est retournée au bout d'une heure, à peine. Elle ne se souciait ni d'être venue exprès pour me voir ni de l'obligation où je me trouvais d'aller donner un cours à une heure de l'après-midi. Ce qui la tourmentait surtout c'était de devoir se rendre dans un quartier proche pour récupérer de l'argent. Lorsque je la raccompagnai à la porte, je ne ressentis nullement ce genre d'émotion que j'avais éprouvée la nuit d'avant, en voyant une silhouette s'éloigner de dos. Je pensais que je la reverrais prochainement. La situation était donc exactement l'inverse de la précédente. La jeune fille d'avant-hier m'avait demandé si elle pouvait espérer une réponse au cas où elle m'écrirait une lettre, mais c'était de celle qui, hier, s'en était allée silencieuse, que la lettre était venue, et ce visage, cette allure inchangée que je n'avais pas eu l'occasion de voir depuis des années me remplissaient de nostalgie. Je m'étonnais moi-même de mon état. Quel genre de vie allais-je mener maintenant? À cette pensée, je ressentis une insupportable tristesse et me rendis chez un ami. En proie au découragement, je pensai à Osaka qu'il ne m'avait même pas été donné de connaître, et ressentis le désir de quitter Tôkyô sans plus attendre. Mon visage était inondé de larmes à la pensée qu'elle était venue exprès pour que nous nous revoyions, et voilà que je l'avais laissée partir aussitôt vers une terre lointaine sans savoir comment faire pour la revoir.

C'est au moment où j'ai commencé à vous écrire ces lettres bourrées de mensonges, à vous qui n'êtes plus là, que j'ai relu le mot de cette jeune fille, et je me suis senti complètement désorienté pendant trois ou quatre heures. La jeune fille d'avant-hier et celle d'hier semblaient penser toutes deux que j'avais très bien réussi dans la vie et que je gagnais beaucoup d'argent. Si elles avaient su que je vendais ces lettres adressées à un cimetière pour régler mon loyer et d'autres dépenses, elles auraient été fort étonnées, et sidérées sans doute aussi de constater que pour parler d'elles, j'emploie le terme de « jeune fille ». Celle d'avant-hier m'a répété plusieurs fois que dans trois ans, elle aurait trente ans, mais comme je ne l'avais pas revue depuis qu'elle avait dix-sept ans, je me souvenais toujours d'elle comme d'une jeune fille de cet âge-là. Néanmoins, je ne voyais rien de très extraordinaire à ce qu'elle ait eu vingt-sept ans le jour où elle est venue me voir. Sa fille aînée doit avoir dix ans. Son père auquel j'ai rendu visite autrefois dans une petite ville du Nord est venu la rejoindre à Tôkyô l'année dernière, mais, devenu complètement sénile, il n'en a plus pour très longtemps. Quand elle avait rompu nos fiançailles, j'avais rêvé qu'un jour, si je devais me marier, je pourrais tomber amoureux de sa sœur cadette. L'aînée l'a fait venir chez elle, l'a élevée et mariée l'année dernière à l'âge de dix-neuf ans. Cette année, elle a mis au monde un petit garçon. Comme je lui faisais remarquer que dans dix ans, c'est sa propre fille qu'elle devrait marier, elle eut un sourire nostalgique et me confia qu'avant dix ans, dans sept ou huit ans peut-être, celle-ci serait une véritable adulte. Elle a eu sa fille à dix-huit ans, et pendant quatre ans elle a dû soigner son mari malade qui a fini par mourir. De son époux actuel, elle a eu un fils mort l'année dernière, et elle nourrit au lait de vache une petite fille de quelques mois. Son mari est au chômage depuis l'année dernière.

La jeune fille venue hier me parla d'un air nostalgique, du temps où elle était encore étudiante, mais elle va bientôt avoir vingt-sept ans. Elle ne parlait que du lourd fardeau de la vie, et semblait vouloir chercher quelque secours auprès de moi. Il peut paraître étrange que j'utilise le terme de « jeune fille » pour parler d'elles comme autrefois, évoquant en même temps le murmure du vent ou la clarté de la lune. Suis-je donc puéril à ce point ? N'ai-je pas la chance que vous, destinataires de ces lettres, ne soyez nulle part ? Le chagrin vous sera donc épargné qui vous ferait dire : « N'écris donc pas tous ces mensonges ! » Le bruit du vent ou la lumière de la lune m'ont laissé de nombreux souvenirs, ce qui me permet de les évoquer, mais de vous, il ne me reste rien. Normalement, pour tout être humain, les parents doivent être la source la plus riche et la plus précieuse de souvenirs, mais pour moi il n'y a rien. Vraiment, comment peut-on parler de chance alors que je ne pourrai jamais vous contempler même de dos.

Une fois le portail fermé, la silhouette de la jeune fille d'avant-hier s'est évanouie au plus profond de la nuit. Elle m'a dit avoir le cœur malade, des crises de palpitations et du mal à respirer. Lorsqu'elle marche dans la rue, sa vue s'assombrit et elle ne voit plus rien. Quand elle est en forme, il lui suffit de fermer les yeux, de se redresser, et aussitôt elle se sent mieux, mais quand elle se trouve en état de faiblesse, il lui arrive de s'évanouir et de mettre dans l'embarras des gens qu'elle ne connaît même pas. Elle m'a dit aussi qu'elle se mettait du fard à joues pour avoir un peu de couleurs, mais qu'en réalité, elle était très pâle. Comme le médecin l'a avertie que si elle ne se calmait pas, elle pouvait mourir à tout moment, elle est allée voir une cartomancienne il y a deux ou trois jours, pour se faire prédire l'avenir. Ne pouvant se permettre d'avoir une bonne, elle s'occupe elle-même de ses deux enfants et, fort sensible et irritable, elle a l'impression qu'elle ne s'arrêtera jamais de travailler. Aussi, devant la maladie finale, inévitable aboutissement du travail forcé, elle réagit en se tournant, sans doute, vers ces endroits où l'on boit du saké. Mais comment m'adresser à cette silhouette que je voyais de dos ? Il me reste l'immense soulagement de pouvoir faire entendre mon triste murmure à mes parents décédés.

Père et Mère, reposez en paix, vous qui êtes morts sans avoir laissé à votre unique fils aucun moyen de se souvenir de vous.

Troisième lettre

C'était la nuit du 16, jour de la fête des Morts, pendant laquelle on dit que se soulève le couvercle du chaudron de l'Enfer. Je déambulais avec ma femme dans les rues du quartier d'Uéno, lorsqu'elle s'arrêta devant une boutique où l'on vendait des autels funéraires.

« L'année prochaine, il nous en faudra un pour nos ancêtres !

– Ne dis pas de bêtises. Si tu installes un autel à la maison, quelqu'un mourra certainement !

– Tu parles de mourir ? Mais qui donc plus que toi peut mourir ?

– Oui, c'est vrai ! »

Nous plaisantions ainsi tout en marchant, mais, en réalité, comme ni l'un ni l'autre n'étions particulièrement désireux d'avoir un enfant, il importait peu que ce fût ma femme ou moi-même qui meure. À ce propos, je dois vous remercier de ne pas m'avoir donné de frère. Mais dire cela, n'est-ce pas seulement une figure de style ? De même que ce que j'écris n'est qu'un vaste tissu de mensonges, ces mots-là sont un abrégé de ma légèreté et de mon aigreur. Toutefois, je ne pense quand même pas qu'il soit exagéré d'affirmer qu'il y a vingt ans, au temps de ma jeunesse, je ressentais un profond dégoût lorsqu'on me disait : « Ah ! si au moins ta sœur était en vie ! » Non que ma sœur fût une jeune fille détestable…

Elle mourut sept ou huit ans après vous, à l'âge de seize ans. Moi, j'en avais onze. Aussitôt après votre décès, mes grands-parents m'emmenèrent avec eux dans leur village natal, et c'est notre tante qui prit ma sœur en charge. Ensuite, nous avons toujours vécu séparément et il m'arrivait parfois d'oublier complètement que j'avais une sœur. Malgré cela, je compris bien la peine de mes grands-parents à sa mort, et je me souviens que mon grand-père ne m'emmena pas à l'enterrement pour que je ne la voie pas morte. Après notre séparation, ma sœur était venue une fois au village à l'occasion de la mort de ma grand-mère, et une autre fois alors qu'elle accompagnait ma tante en visite chez des parents. J'ai eu l'occasion de la rencontrer deux fois en tout, et je n'ai gardé d'elle aucun souvenir particulier. Un seul fait pourrait ressembler à un souvenir. Comme vous le savez, face au portail de notre maison donnant au sud, s'ouvrait une véranda. Je m'amusais à monter à califourchon sur les grosses traverses qui passaient d'une poutre à l'autre et soutenaient ce passage. Assise sur les tatamis, ma sœur me regardait en pleurant, et je me rappelle très précisément mon humeur à ces moments-là. Je cachais sous ma vantardise le remords que j'éprouvais à mal agir, mais ma sœur pleurait parce qu'elle savait que ce que je faisais était mal. Alors, lâchant soudain ma prise, je la regardais, incertain de ce qui allait se passer et de la façon dont j'allais m'y prendre. De ces moments-là, il ne me reste que le souvenir de ses pleurs, car je suis incapable d'évoquer sa silhouette ou sa voix. J'ai l'impression que ma sœur s'est réduite à cette sensation sourde, diffuse et informe, qui ne cesse de m'oppresser.

Au cours des années qui suivirent, mes cousines en visite au village me racontèrent que ma sœur se plaignait de mes espiègleries. Cela la tourmentait beaucoup et elle ne savait plus que faire. Je pense qu'une fois rentrée chez notre tante, elle devait imaginer que la maison de ses grands-parents était un lieu froid, incohérent, où il ne faisait pas bon vivre.

Quant à moi, à cette époque, certains matins, je ne voulais pas aller à l'école. Les enfants avaient l'habitude de se retrouver devant le temple shintoïste et de là partir, tous ensemble pour l'école. Les villages rivalisaient pour avoir le plus grand nombre de présents. Les absents entraînaient donc la responsabilité de tout le groupe. Alors, du temple, les élèves arrivaient en force jusqu'au domicile de celui qui manquait. Craignant cette ruée, effrayés par les cris des enfants qui me réclamaient, mes grands-parents tiraient les auvents. (En réalité, ma grand-mère mourut l'année où j'entrai à l'école primaire.) Recroquevillés en silence, mon grand-père et moi écoutions les élèves chahuter dehors, crier et lancer des pierres contre les volets, puis, pressé par le temps, l'ennemi finissait par se replier.

Alors grand-père, rassuré, ouvrait les auvents en disant gentiment : « Bon ! ça va ! Ils sont partis. » À cause de tout cela, je crois que j'énervais et effrayais beaucoup ma sœur si naïve qui était venue chez nous en visite.

Quand j'étais à Osaka, à la fin du repas, nous avions l'habitude de verser sur notre riz un peu de thé mêlé à des condiments. Juste à ce moment-là, notre tante disait à ma sœur :

« Surtout, mâche bien, sinon tu risques de t'intoxiquer !

– Oui, Tante, ne t'inquiète pas, je mâcherai bien tout, y compris l'eau chaude ! »

Lorsque ma tante me racontait cette histoire, je me sentais très misérable. Que vous soyez morts très vite en ne me laissant, à moi, aucun souvenir, c'est plutôt une bonne chose. Mais que vous en ayez laissé de nombreux à ma sœur qui avait cinq ou six ans de plus que moi, voilà bien une raison de lui présenter vos excuses. Morte à seize ans, alors qu'elle n'était encore qu'une toute jeune fille, elle n'était pas encore assez endurcie pour penser que perdre ses parents quand on est jeune peut être un soulagement. Elle était donc bien à plaindre. Mais, si vous présentez des excuses à ma sœur aînée, il faudrait que vous en présentiez également à ma femme. Et, si je devais avoir un enfant, il faudrait lui en présenter aussi. Je peux même dire que vous avez des responsabilités à l'égard de toute personne que je fréquente. Me comprenez-vous donc ? Peut-être vous sentez-vous flattés de voir que vous êtes sans cesse présents dans mes pensées, mais cela est absurde, car, bien que votre existence, pour moi, équivaille au néant, elle exerce toujours une influence sur ceux que je fréquente. Lorsque la santé – règle d'or selon laquelle doit être élevé un enfant orphelin – devient pour moi source de pensées morbides, et que je me trouve dans une situation telle que je veux avoir un enfant, je dois faire appel à une force qui dépasse de loin le fait d'avoir ou non des parents, et c'est bien là le point crucial qui prouve que vous m'avez réduit à néant, ou bien est-ce moi qui vous ai anéantis ? Voilà bien la situation empoisonnée dans laquelle vous m'avez laissé, vous qui, décédés très tôt, avez été réduits à l'inexistence et dont la destinée n'a été que méprise.

Quand ma sœur a répondu qu'elle mâcherait l'eau chaude, ma tante a estimé cette réponse tout à fait normale. Elle révélait ainsi sa nature tranquille et réservée, directe et innocente. Ceci est exact, mais si je pousse un peu en compliquant le raisonnement, je dois dire que cela me peinait de constater ainsi l'infortune de cette sœur, et je me rendais compte que je n'avais pas vraiment d'intérêt pour une personnalité aussi fragile. Ses paroles ne me faisaient pas simplement sourire.

Sans doute mâchonnait-elle son eau chaude fort sérieusement et tous ceux qui étaient chez ma tante riaient-ils avec plaisir, mais il s'agissait d'un groupe familial heureux, et ma sœur qui n'appartenait pas à cette famille devait se sentir alors bien étrangère.

Elle était bonne élève à l'école, intelligente et aimée de tout son entourage, mais d'un caractère timide et réservé. Comme après la mort de mon grand-père j'étais resté seul et complètement isolé, à chaque période de vacances scolaires je venais chez ma tante qui me racontait toutes sortes de choses sur ma sœur aînée. Il y avait aussi une cousine à peu près du même âge et très intime avec elle, qui vivait alors à Tôkyô et me parlait beaucoup d'elle. Je faisais aussitôt la grimace, et comme je ne lui répondais pas, je ne me souviens de rien de ce qu'elle disait.

« J'ai une photo d'elle quand elle était petite, mais peut-être te l'ai-je déjà montrée ?

– Oui ! Euh !... » répliquais-je en souriant légèrement.

Je ne me rappelle pas avoir vu à un moment ou à un autre le visage de ma sœur de face. De cette photo que l'on m'a obligé de regarder..., j'ai l'impression de n'en avoir plus aucun souvenir. Moi, spontanément, je me souviens de ma sœur comme d'une petite fille pâle et bien en chair, mais je ne peux guère en dire plus, car je n'ai gardé au fond du cœur aucune image d'elle. Cette sœur aînée était particulièrement docile et, si on lui avait demandé de regarder à droite pendant trois ans sans discontinuer, elle aurait fixé la droite. Si elle avait vécu, sans doute aurait-elle épousé un homme que ma tante aurait choisi dans sa propre famille, et elle aurait vécu une vie normale.

« Tu n'as ni frère ni sœur, et au fond c'est mieux ainsi », a l'habitude de dire ma femme qui, elle, est d'une famille de sept enfants.

Si l'on regarde autour de soi, elle a peut-être raison.

« C'est vrai, surtout pour ceux qui vivent à la ville. Il vaut mieux se faire des amis. Les gens pensent que c'est un grand bonheur d'avoir des frères et sœurs, mais moi, je suis persuadé du contraire. Par exemple, si ma sœur était en vie, elle me verrait en ce moment avec les yeux de son mari, et si celui-ci disait quelque chose à mon sujet, elle se croirait obligée d'être de son avis. Voilà ce qu'on appelle avoir de la chance, pour une femme.

– N'exagérons rien !

– En tout cas, on peut difficilement imaginer l'infortune des femmes. »

En faisant cette remarque, plutôt que de rêver à ce qu'aurait pu être la vie de ma sœur, je pensais à mes cousines dont, malgré tout, on ne pouvait pas dire qu'elles fussent si malheureuses que ça.

Mère !... des filles de vos frères, c'est-à-dire de vos quatre nièces, l'aînée s'est mariée la première. Elle a eu un fils très délicat et de santé fragile, puis de gros ennuis d'argent à la suite d'un revers de fortune. La deuxième a épousé un cavalier. Elle est morte en mettant au monde une fille, au moment où son mari était au front, à Qing Dao[1]. La troisième, à peine sortie de l'école, a attrapé la tuberculose, s'est mariée avec un employé de bazar et elle est morte il y a deux ou trois ans. Pour ce qui est de la quatrième, la rumeur prétend qu'elle s'est établie après ses sœurs et que leur mère a disparu juste avant le mariage de sa dernière fille. Vos deux frères ont perdu leur résidence et leurs domaines, et ils ont dû partir pour la ville sans laisser d'adresse.

Vos parents, qui appartenaient à de vieilles familles

1. Qing Dao : port de Chine, situé dans la province du Shandong.

provinciales, ont en fait tout perdu et sont complètement ruinés. Quant aux filles de la tante chez qui a été élevée ma sœur, l'aînée doit sans doute déjà avoir quarante ans et elle n'a toujours pas d'enfant. Il y a quelque temps, son mari est tombé sérieusement malade. Quant à la cadette, ma femme et moi, le 16 au soir, à l'occasion de la fête des Morts, nous avons voulu aller la voir. En fait, ma femme devait y aller, et moi j'avais l'intention de rendre visite à un ami qui habitait dans les environs, puis de passer chez elle après. De là, nous devions rentrer ensemble. Son enfant n'était pas encore en âge d'aller à l'école, mais souffrait déjà d'un ulcère à l'estomac et, comme il ne se rétablissait pas vite, elle avait demandé à un bonze de venir chez elle prier pour sa guérison.

« Elle a beau avoir déménagé, elle ne se soucie que de la façon dont sa maison a été construite et de son orientation. Elle est pourtant encore jeune, mais elle croit en toutes sortes de bizarres pratiques de géomancie. Peut-être est-ce le signe qu'elle n'est pas vraiment heureuse, remarqua ma femme.

– Oui, peut-être bien !

– Dans cette famille, c'est la mère qui est agitée. Dans peu de temps, elle voudra certainement déménager à nouveau.

– Quoi qu'on dise, c'est sans doute moi qui ai le mieux tiré mon épingle du jeu. »

Ce soir-là, le 16, jour de la fête des Morts, il était impossible de trouver un taxi, même après avoir longtemps arpenté la rue. Bien que nous en ayons hélé plusieurs, les chauffeurs filaient, refusant de discuter le prix car ils trouvaient plus intéressant de parcourir Tôkyô d'un bout à l'autre en prenant trois ou quatre clients différents. Comme si c'était la faute de ma femme, je dis bêtement :

« Je les comprends, ces chauffeurs. Pourquoi ne

m'as-tu pas dit qu'aujourd'hui, c'était le 16, le jour des Morts, et qu'on ne trouverait pas de taxi ? Il valait mieux prendre les moyens de transports municipaux. C'est idiot de ne pas prêter attention à ce genre de détails. »

Mais, dans ce monde, ne vit-on pas en ne pensant qu'à soi et ne passais-je pas mes journées de façon superficielle et sans scrupule, sans souffrir ni éprouver de remords ?

Comme nous ne trouvions pas de taxi, nous remîmes au lendemain la visite à cette nièce. Nous arrivâmes sur la grande place d'Uéno et, contemplant la vitrine d'un magasin d'habits religieux à côté d'une boutique d'autels funéraires devant laquelle nous nous étions arrêtés, je dis, pensant aux spectacles de danse que je voyais souvent à l'époque :

« Et si on faisait une tunique avec ce tissu ? »

Soudain, je me souvins du service religieux célébré au village pour les morts sans sépulture. Je voyais sous mes yeux tomber des myriades de pétales de fleurs de lotus éparpillés par les bonzes vêtus de vêtements mauves et pourpres, brodés d'or et d'argent, qui marchaient en procession autour de la statue de Bouddha devant le temple. Que sont donc devenues les tombes de mon village ?

Est-ce à cause de la fierté de nos ancêtres d'appartenir à la noblesse provinciale que nous avions une colline funéraire, séparée du cimetière du village ? De cette colline, seul reste le pourtour où sont plantées trente à quarante stèles. Du temps où j'étais enfant, mon grand-père avait vendu ou donné une parcelle à un ouvrier qui l'avait ouverte et transformé en verger de pêchers. Le propriétaire, petit à petit, avait retiré la terre avec sa houe et s'était rapproché du monticule funéraire ; le grand pin qui en indiquait la limite s'était desséché, les pierres tout autour s'étaient détachées, et chaque fois qu'au moment des vacances je revenais au village, j'avais l'impression que les bosquets protégeant les tombes s'amenuisaient de plus en plus, laissant le terrain complètement dénudé. C'est pourquoi, lorsque j'étais encore au collège, je m'imaginais déjà indépendant et installé dans le monde, en train de racheter les parcelles volées qui entouraient les tombes, puis d'élever tout autour un muret de pierres. Quelqu'un viendrait honorer nos sépultures, couper les herbes folles qui recouvraient les stèles et peut-être alors cette très ancienne coutume appelée « O-Bon », fête des Morts, serait-elle à nouveau correctement célébrée.

À partir de la grande place d'Uéno, nous pénétrâmes au cœur du quartier. Ici et là, la vue des petites lampes allumées devant les portes d'entrée des maisons, destinées à accompagner les âmes des défunts, nous laissait une impression d'angoisse et de nostalgie. Combien reste-t-il de familles qui de nos jours honorent comme il convient les âmes défuntes ?

Le lendemain :

« C'est ce soir que l'on doit accompagner les morts ? demandai-je. Nous sommes bien allés hier chez cet enfant ? »

Je fis cette réflexion à ma femme parce que la jeune nièce, chez qui le bonze était venu prier pour la santé de son fils, était arrivée le dernier jour de la célébration et avait dit :

« Cette nuit, je viendrai et ne repartirai qu'à une heure, car on allume les lampes ! »

La tombe familiale de cette jeune femme était située près de chez nous, et j'avais suggéré :

« Et nous, si nous allions à notre cimetière ?

– Mais si vous allez à votre cimetière, vous n'y serez pas dans la journée.

– Oui, c'est vrai. Nos aurions dû rentrer chez nous pour la fête des Morts. »

Ma femme, qui était à côté, dit :

« Je pense que ce n'est pas bien de ne pas accompagner les âmes de nos défunts. Il n'y a rien de plus regrettable que de ne pas accueillir les esprits des morts ! »

Voilà bien des paroles franches de sa part, elle qui ne se pose jamais aucune question et ne croit à aucun monde où il eût existé quelqu'un qui eût pu s'appeler Bouddha. Et c'est un peu bizarre d'avoir eu envie d'acheter un autel funéraire pour vous vénérer, vous dont je n'ai jamais vu la photo. C'est pourquoi, plutôt que de participer à la fête des Morts, j'ai écrit cette lettre qui tiendra peut-être lieu de service funéraire.

Dormez en paix, parents défunts d'un enfant qui n'a aucun moyen de se souvenir de vous.

Quatrième lettre

C'est bien agréable de fuir les chaleurs de l'été et d'aller au bord de la mer, mais quand on revient à Tôkyô, il n'y a plus de gaz en raison des retards de paiement, on est menacé de coupure d'électricité et le centre des impôts vous annonce que vos biens vont être saisis. Le marchand de riz vient avec son livre de comptes et repart bredouille, et la bonne va chaque jour au hasard acheter pour dix sens de riz. C'est pourquoi, dans le train du retour je dis à ma femme :

« Je me demande bien ce qu'il y a d'intéressant à rentrer à Tôkyô.

– Moi aussi.

– On y est sans cesse poursuivi pour dettes.

– Ça c'est vrai !

– À la mer, au moins, c'était bien. On était tranquilles. Je ne pensais pas à mes ennuis d'argent. En un mois, j'ai écrit un roman pour jeunes filles et quatre articles. »

Voilà les idées plutôt démoralisantes que je remuais dans ma tête alors que je repartais vers les solitudes des montagnes avec l'intention de réfléchir à mon travail personnel. Peut-être ai-je besoin de la nature parce que je suis originaire de la campagne et que dans le petit village où je passais l'été, je me sentais ému en contemplant la mer et en me demandant quelles seraient la couleur et la grosseur des vagues. Quand je regardais les montagnes – il s'agissait en fait d'une série de petits monts situés non loin de la mer –, en été, les aiguilles des sapins formaient un immense tapis vert. Même si je n'avais pas envie de regarder ce paysage, ou si quelque chose venait se refléter dans mes yeux, il n'y avait là rien que de paisible, et aucune ombre ne venait se glisser dans mon cœur. C'était donc bien cela « le lien avec la terre ». Dans mon village, comme vous le savez, il y a plein de petites collines, mais pas la mer.

À l'extrémité de l'une de ces collines, le temple de l'Obaku-shû qu'avaient construit nos aïeux était devenu un couvent. Quand nous étions petits, habitait là une nonne qui était la fille adoptive de notre grand-père. Elle était comme une sœur cadette. Et les terrains et les champs alentour portaient notre nom en souvenir. Aucune famille ne subventionnait ce temple dédié au bodhisattva Kokuzô. Le jour de la fête des Enfants de douze ans, des jeunes venaient d'endroits parfois fort éloignés, et c'était pour le village l'occasion de très grandes réjouissances. Père ! même au temps de votre adolescence, je crois que c'était pour vous un moment de bonheur. Maintenant, voilà presque vingt ans que cette nonne est morte, et je me souviens que bien des fois, à la fin ou au début de l'année scolaire, je grimpais avant l'aube sur cette colline derrière le temple. Aujourd'hui, je suis incapable de me rappeler pourquoi je voulais voir le lever du soleil. Était-ce le 1er janvier, ou parce qu'on y faisait allusion dans les livres de prose raffinée que je lisais alors, et que je voulais le contempler dans la réalité ? Il m'arrivait aussi de monter sur un gros arbre devant notre maison et, comme un jardinier heureux d'avoir accompli sa tâche, je m'asseyais entre deux branches et je lisais. C'était bien plus calme et apaisant que dans ma chambre.

Quand on entreprend un long voyage en train, on

oublie tout, et lorsqu'on arrive à l'auberge, on se couche écrasé de fatigue. Entre les branches des arbres, je ressentais comme une vacuité, une fraîche quiétude. L'été, j'avais l'habitude de faire la sieste après le déjeuner, et de m'allonger sur une grosse pierre rectangulaire à l'ombre du chêne. À la mort de mon grand-père, tandis que je saluais les personnes venues présenter leurs condoléances, je me mis à saigner du nez et courus au jardin m'allonger sur cette pierre. Tous mes proches parents étaient déjà morts, et j'étais l'unique descendant de la famille. Saignant à nouveau du nez le jour de l'enterrement, je dérangeai tous ceux qui voulaient m'aider, même s'ils me trouvaient intéressant et plutôt pitoyable. Je m'enfuis alors vers cette grosse pierre dans le jardin. Je m'amusai à regarder les ondulations des feuilles du chêne qui laissaient paraître de petites déchirures de ciel bleu. Puis le sang cessa de couler. Le lendemain matin, c'était le jour du ramassage des os. Le crématorium du village se trouvait à ciel ouvert dans un terrain que rien ne délimitait et où, dans un seul trou, on disposait le cadavre. Après l'avoir recouvert de petit bois, on le brûlait. On se penchait au-dessus de ce trou, en tenant des baguettes spéciales en bambou. La fumée m'emplissait les narines, je me remis à saigner. Vite, je pris le bout de mon écharpe et me comprimai le nez. Au lieu de rester tranquille, je m'enfuis vers la montagne et m'endormis, face à la colline funéraire. Il y avait là un petit étang dont la surface brillait comme une plaque lisse et argentée. La regardant, j'avais l'impression d'être aussi évanescent que l'air et le vent, et je me souviens que, bizarrement, au lieu de couler davantage, le sang s'arrêta. Au bout d'un moment, j'entendis des voix m'appeler du crématorium. Après avoir réajusté mon écharpe, je retournai sur mes pas et ramassai l'âme enfumée de mon grand-père. Heureusement, j'avais gardé, serré sous mon nez, un pan de mon écharpe de mousseline noire, et personne ne remarqua qu'elle était tachée de sang. C'est grâce à elle que je pus, dans un long silence, participer au ramassage des os et au rite funéraire.

À cette époque, je n'allais voir personne, prétextant que je ne me sentais à l'aise nulle part et que je m'ennuyais. Si parfois je me rendais en visite, on me préparait aussitôt trois ou quatre coussins, et lorsque des invités venaient à la maison, ce qui me gênait le plus, c'était de ne pas pouvoir dormir quand je voulais.

Un jour, un ami me dit :

« Je suis bien allé te voir, une fois, dans une petite auberge mais tu dormais, l'air béat, en plein soleil, sur le balcon du premier étage.

– Oui, tu as raison, c'est vrai ! », puis je me tus, fort surpris d'entendre cette remarque qui ne reflétait pas avec assez de précision le degré de contentement que je ressentais avant de me marier.

À ce moment-là, le grand bonheur de l'homme n'était-il pas, à mes yeux, de pouvoir dormir sans être dérangé tout en poursuivant indéfiniment son rêve ? N'est-ce pas là une des formes primitives de l'humanité ? J'étais alors complètement absorbé dans mes pensées et vivais déjà dans l'inconscience de la réalité. Même si j'avais l'air de penser à quelque chose, je ne pensais à rien du tout et croyais seulement que je pensais. À cette époque j'ignorais sans doute encore ce qu'était la tragédie.

Revenant à l'époque du décès de mon grand-père, on aurait pu penser que si je saignais du nez, c'était parce que j'assistais pour la première fois à un rite funéraire. Mais, en réalité, le chagrin provoqué par cette disparition, le sentiment de solitude lié au fait que je restais seul au monde et l'angoisse de me demander comment un enfant de quinze ans pourrait vivre isolé..., toutes ces graves pensées flottaient éparses dans ma tête, au gré de mon imagination. Lorsque je regardais les lambeaux de ciel bleu à travers les feuilles du gros chêne ou contemplais la surface étincelante de l'étang, je libérais mon cœur de tous ces fardeaux, et comme j'avais acquis là une habitude dont je ne voulais pas me défaire, on pouvait penser que je ne voulais pas regarder en face la mort de mon grand-père ni la situation dans laquelle je me trouvais. Je ne me sentais pas du tout résigné. Je restais toujours optimiste quant à la réalisation de mes désirs ou de ce que j'avais entrepris. Inactif et perdu dans mes rêves, je fuyais le temps et libérais mes pensées, indifférent à tout. Cela ressemblait à de la soumission, mais ce n'en était pas. J'oubliais tout la minute suivante pour poursuivre les parcelles éparses de mes rêves, selon mon habitude. Je n'éprouvais ni vrai regret ni véritable tristesse. Vous aviez là, assurément, un gentil enfant que vous avez abandonné, impuissant, au monde. Vous n'avez pensé ni à l'expérience amère qu'il aurait à subir, ni à la tristesse dans laquelle il serait plongé.

Dernièrement, ayant été consulté au sujet du mariage d'une de mes relations avec une prostituée, mes propos furent considérés comme sévères de la part d'un romancier à l'esprit large, de qui on attendait une réponse favorable. Bien que ma femme n'ait pas opposé de veto formel, j'ai quand même pensé que cette affaire n'était pas ordinaire : à la longue, le physique de cette femme se dégraderait et la vie de toute une famille en viendrait à dépendre du commerce d'autres jeunes femmes. C'est pourquoi je finis par laisser tomber un verdict glacial : « Je ne peux donner qu'une réponse tout à fait banale : Je ne suis absolument pas d'accord ! »

Deux ou trois mois plus tard, cette femme se retrouvant libre de disposer de son temps comme elle l'entendait, nous pensâmes, ma femme et moi, qu'il faudrait, sinon lui donner une compensation puisque c'était moi qui avais empêché son mariage, du moins lui payer toutes ses dettes et la renvoyer à la campagne. Souvent il nous arrive d'évoquer ce souvenir, car nous savons bien, l'un et l'autre, ce que c'est de ne pas avoir un sou.

« Dans un cas comme celui-là, il vaut mieux se procurer à chaque fois une femme différente. Sinon, voilà ce qui arrive quand un homme a pris l'habitude de fréquenter une prostituée et retourne la voir au même endroit, en la payant, trois ou quatre fois. C'est le signe qu'elle lui plaît. Mais en fait, c'est ce qu'il croit. Nombreuses sont les femmes capables de se faire aimer ainsi ! »

Toutefois, je ne puis me permettre ce genre de réflexion. Si cela m'arrivait, c'est que je ne serais rien de moins qu'un être inconscient, paresseux et insensible.

Ou bien, la paresse, qui me plonge habituellement dans un sommeil profond et béat, m'interdirait-elle tout accès à la pitié ?

« Comment décrire le visage de ce brave vieux pêcheur ? »

De pareils pêcheurs, nous en avons vu beaucoup quand nous nous promenions sur la plage et restions debout à contempler la mer.

« As-tu remarqué comment ils travaillent ?

– Pas vraiment…

– Il s'agit en fait d'habitudes ancestrales… Ils ne pensent pas du tout à chanter la mer. Ils sont si intimement mêlés à elle qu'ils font corps avec elle. »

Je me souvins alors du temps où je lisais un livre, allongé entre les branches d'un chêne.

Après la mort de mon grand-père, étant donné qu'il n'était pas correct de laisser un enfant seul à la maison, on me renvoya dans le village de ma mère. Je me levais à l'aube et courais pieds nus le long des petits murets entre les rizières. J'étais un enfant un peu bizarre. Le village était situé sur un bras mort du fleuve, aussi je m'amusais à plonger dans l'eau le bout de mes pieds, un chapeau de paille sur la tête.

Un jour, comme je faisais ma sieste tout nu dans le sable, « Hé, oh ! Hé oh !... », je fus éveillé par une voix m'appelant d'un des bateaux à voiles qui s'approchaient vers moi, et le bruit courut que le batelier avait cru que j'étais noyé.

Peu de temps après, on me mit en pension au collège, et je trouvais extraordinaire de pouvoir contempler le vide profond de la nuit à travers des vitres. C'était pour moi une nouveauté. J'avais poussé mon lit tout contre la fenêtre et somnolais, apaisé, enveloppé par les rayons de la lune.

Un jour, le chef de classe me fit la réflexion suivante :

« Dis donc ! le surveillant du dortoir a remarqué que tu dormais tout seul près de la fenêtre. Serais-tu l'objet d'une mise à l'écart particulière ? »

Moi qui avais l'âme d'un poète, je me sentis profondément honteux de m'être livré pour la première fois à une conduite pour le moins excentrique.

Il m'arrivait souvent de m'allonger sur les pelouses de l'école, ou de somnoler en lisant un roman, perché en haut des agrès de la salle de gymnastique. Un carnet à dessin sous le bras, je suivais parfois le cours de la rivière qui coulait le long de l'enceinte des bâtiments scolaires, et croquais les champs à la tombée du jour, jusqu'à ce que vînt à passer une voiture ou un chien qui aboyait. Pendant les vacances d'hiver, alors qu'il n'y avait plus un seul élève à la résidence du collège, je lisais, allongé au soleil sur la pelouse. De même, lorsque je séjournais de six mois à un an à la station thermale en plein cœur des montagnes d'Izu, j'avais l'habitude de partir en quête d'un endroit bien ensoleillé où je restais plongé longtemps dans mes rêves, et je ne m'ennuyais pas.

Si je prétends vouloir aller à la montagne cet automne pour me concentrer sur mon travail, en réalité, c'est pour pouvoir me chauffer au soleil le plus longtemps possible. Grâce à vous qui avez disparu si tôt, j'ai pu retourner dès mon plus jeune âge dans le village entouré de collines où habitaient mes grands-parents. Sinon j'aurais vécu avec vous, Père, qui étiez médecin, et comme je ne pesais pas plus de trente kilos, je serais certainement mort.

Cet été, j'ai amené un petit chien au bord de la mer. Élevé à Tôkyô, il aboyait aux cris des oiseaux qui l'effrayaient et jappait bruyamment lorsque l'aube rougeoyante filtrait à travers les persiennes.

Dormez en paix, ô parents défunts qui avez laissé au monde un orphelin incapable de se souvenir de vous.

Cinquième lettre

Grave ton nom,
sur le tronc puissant d'un arbre
qui atteindra le ciel.
Car l'arbre est plus solide que le marbre
et ton nom gravé grandira avec l'écorce.

Lire un poème c'est, comme lorsqu'on se met à écrire, faire le vide dans ses pensées encombrées d'éléments informes. C'est le moment où l'esprit peut être le plus aisément éconduit, ou mieux, le moment où moi qui lis des poèmes je peux être facilement éconduit. S'il faut préciser mon langage, je dirais que je dois d'abord me sentir apaisé comme si j'avais sombré, à mon insu, dans un profond sommeil.

Vous qui n'avez aucun droit d'entendre la vérité sur moi qui suis en vie, ô parents dont je ne sais si votre mort est réelle ou irréelle, accepterez-vous d'être encore une fois, ce soir, mes compagnons de jeu ?

Le pin se dresse au nord, mélancolique
au sommet des montagnes glacées.
Enrobé de neige gelée,
étincelante, le pin sommeille…

Ces vers de Heine me rappellent les cheveux blancs de mon grand-père. L'un des arbres de son jardin, objet de sa fierté, n'était-il pas justement un vieux pin chargé d'ans ? La lumière du soleil traversant ses branches se diffusait à partir du rebord du toit et venait éclairer les quelques touffes de cheveux blancs qu'il lui restait sur les tempes et à l'arrière du crâne, et je percevais, si jeune encore, dans cette lumière argentée, une évanescente transparence qui avait un lien avec ce poème. Des aspérités à la surface de son crâne et des taches jaunâtres dispersées çà et là, se dégageait un triste halo maculé qui me serrait le cœur à intervalles réguliers. Sur la route du village, et non plus à l'intérieur de la maison, je voyais les cheveux de grand-père luire comme les feuilles tombées des arbres en automne. Il y avait un grand plaqueminier juste à l'entrée du pont. Pour le traverser grand-père tenait sa canne d'une main, et moi, je le guidais de l'autre. C'était un homme de l'ombre qui, tout à coup, apparaissait dans une lumière étincelante.

L'été précédant sa mort, un an avant que je rentre au lycée supérieur, pour une quelconque raison, il s'était mis en colère contre moi, et comme il me poursuivait en balançant au bout de son bras une petite théière en métal, de l'eau bouillante se répandait goutte à goutte. Cherchant à me protéger, ma grand-mère s'était accroupie avec moi dans un coin de la pièce où il ne pouvait m'atteindre. Il donnait de grands coups de théière tout en sanglotant, et je voyais de la vapeur d'eau monter du corps de grand-mère. J'étais son enfant chéri, c'est pourquoi elle se livrait à ma place. Grand-père avait l'air si pitoyable ! Quelle idée pouvais-je bien me faire, moi, si jeune, du comportement de ces vieillards ? À ce jour, je ne m'en souviens pas. Mais si jamais je me trouvais sur le point de battre ma femme, cela me rappellerait aussitôt ce genre de situation et soulignerait encore ma propre et dérisoire méchanceté face au triste et naïf attachement que me portaient mes grands-parents. Chers parents ! Jamais je n'ai rêvé de vous, mais lorsque grand-père m'apparaissait en rêve, je finissais chaque fois par me réveiller avec la même obsession : « On dirait qu'il est en train de mourir ! Oh ! ne meurs pas ! »

Des larmes coulaient de mes yeux. Alors, je prenais conscience qu'il était déjà mort depuis dix ou vingt ans, et je me sentais rassuré. Le terrible vide que laissa en moi sa mort fut infiniment plus facile à supporter que la tristesse de savoir qu'il allait mourir.

Alors que j'étais allé voir une jeune fille élevée par ses grands-parents, le grand-père se plaignit à moi de l'égoïsme de sa petite-fille et de son indifférence à l'égard des personnes âgées. La tête et les mains du vieil homme tremblaient, il avait les larmes aux yeux, et ses paroles prenaient un accent de plus en plus douloureux. Comme j'abondais dans son sens, la jeune fille se leva d'un geste brusque et partit en disant :

« Tout ça est faux ! Il ne fait que dire du mal de moi ! »

Cette jeune fille, qui avait filé aussi vite de chez elle uniquement parce qu'elle était vexée, avait pourtant beaucoup de chance. Son grand-père semblait en parfaite santé pour son âge. Mais le mien, à qui le destin avait permis de dépasser les soixante-quinze ans, comment aurais-je pu le mettre en colère ou lui faire trembler les mains sans risquer d'abréger sa vie ? Inquiet pour l'aïeul de cette jeune fille, j'avais même consulté leur médecin de famille pour savoir s'il n'était pas possible de le calmer et, angoissé, je cherchais en vain un moyen de diminuer l'emprise de sa colère. Cette fille n'écoutait personne d'autre que moi, et quand je rencontrais sa mère, celle-ci me demandait de la gronder, mais lorsque j'essayais de lui apprendre à penser davantage aux personnes âgées, je n'arrivais pas à trouver les arguments du docteur qui étaient censés lui aller droit au cœur. À mon avis, si soudain cette fille se comportait mieux vis-à-vis de ses grands-parents, ce ne pourrait être que dans le cas d'une affreuse prémonition.

Ma grand-mère me faisait mettre mes chaussures, prétextant le froid. Lorsque je me couchais et que j'avais un peu mal au ventre, elle venait tapoter le bord de mon édredon et le remettait droit. Pour moi, c'était là quelque chose de surprenant. Elle me dorlotait au point de tenir mes baguettes à ma place et j'étais si capricieux que les gens détournaient leurs regards. Elle me témoignait une immense bonté et une fois seulement dans ma vie je la vis pleurer à cause du traitement d'esclave que je lui faisais subir. Justement, ce jour-là, elle mourut deux ou trois heures après. Pensant que ni elle ni moi ni grand-père ne pouvions tomber malades, je ne me trouvais pas à son chevet. Elle était devenue complètement silencieuse, et je la vis seulement remuer deux fois légèrement les bras. Bien que très jeune encore, je ressentis ce jour-là l'immensité de sa bonté et la priai de me pardonner mon égoïsme, en me souvenant de sa délicatesse.

Juste avant sa mort, je ne garde de mon grand-père, que le souvenir d'un personnage à la fois infantile et fou. Moi qui ai été jeté dans le monde seul, jour après nuit, avec ce vieillard, je ne peux maintenant le chasser de mon esprit et mon cœur est plein de souvenirs d'un homme que je regardais en face en ignorant son âge et qui se livrait à des accès de colère et de pleurs dus à la frustration, fruit de sa solitude. Peut-être que vu de l'extérieur j'avais l'air d'un enfant indifférent capable de faire souffrir une personne âgée, mais à mes yeux il s'agissait plutôt d'une pathétique piété filiale. Si un enfant vit seul avec un grand-père déséquilibré au fin fond de montagnes où personne ne passe, et que cet enfant ne se rende pas bien compte que son grand-père est fou, cela risque de le perturber. Mais devenir aussi fou que son aïeul en vivant avec lui, n'est-ce pas lui témoigner un amour bien plus profond encore que de le soigner en l'isolant totalement ? Une famille où, la génération des parents ayant été évincée, grands-parents et petit-fils se trouvent intimement mêlés est comme plongée dans le vide d'une maison isolée de tous, et un petit-fils élevé ainsi est beaucoup plus pur qu'un enfant élevé par ses parents. Mais une fois lancé dans le monde, sa peau sera couverte d'égratignures. Père et Mère qui avez fait de moi l'enfant de mon grand-père, ne m'avez-vous pas transmis un sang très pur, à moi qui oscille dans le monde de l'évanescence ? Si, dans votre tombe obscure, vous éprouvez, las de mes propos, quelque pitié pour moi, si j'écris pour vous cette lettre peu virile adressée à un cimetière, c'est parce que personne au monde n'a plus que vous le don de me plonger dans l'extase du néant.

Serais-je donc capable de me plaindre de mon grand-père qui m'a élevé jusqu'à l'âge de quinze ans ?

Notre maison de campagne ayant été vendue, je vécus en parasite chez des parents, et pendant que j'étais en pension à Tôkyô, tous vos biens reçus en héritage ont été également vendus. Il ne reste de vous, Père, qu'une photographie et une lettre. De vous, Mère – est-ce parce que c'était inconvenant –, je n'ai aucune photo, et pourtant, Père, vous qui aimiez les photographies, vous en aviez une petite boîte pleine dans un coffre au village. Où ont-elles donc été éparpillées ? Il ne m'en reste qu'une, maintenant, que je gardais bêtement, à cause de mon chagrin, à côté de moi quand j'étais pensionnaire au collège.

« C'est la photo de qui ? » me demandait-on.

Je rougissais. Je n'arrivais pas à dire que c'était la photo de mon père, mais comme il portait beau, cela me réconfortait beaucoup. Maintenant que je la regarde, je trouve que son visage ne peut-être que celui d'un malade. Il n'y avait que votre mal, Père, que je ressentais vivement, et, tout en fronçant les sourcils, je me plongeais dans une vieille lettre. Je ne me souviens absolument pas de votre visage, je ne me rappelle pas un seul de vos traits. Tout ce que vous avez laissé gravé dans mon cœur d'enfant, c'est la peur de tomber malade et de mourir jeune.

« Ton père et ta mère sont morts de la tuberculose, et toi, avec une santé comme la tienne, prends bien garde ! » Voilà les mots que ma famille m'a enfoncés dans la tête en me les répétant comme s'ils m'obligeaient à avaler d'amères pilules. Mon corps semblait avoir été façonné par vous juste pour accueillir cette maladie et sans doute pensais-je que je vivais seulement pour attendre de mourir de la tuberculose

Jusqu'ici, je vous ai déjà écrit plusieurs fois, et même dans ces lettres, je n'ai jamais précisé le nom de votre maladie. Pensez-vous que ce soit là quelque chose d'étrange ? Est-ce la preuve, à vos yeux, que mes lettres ne sont qu'un tissu de mensonges ? En fait, la peur et la honte que vous avez semées dans mon cœur d'enfant y sont restées profondément enracinées. Si j'éprouvais un dégoût presque hystérique lorsque j'étais obligé d'écouter les autres me parler de vous, et si, étrangement, j'ai oublié tout ce qu'on m'a raconté sur vous, c'est sans doute à cause du mal dont vous avez souffert. Jusqu'ici, Père, je n'y ai guère prêté attention, mais maintenant, je me permettrai de brûler votre photo qui n'est en fait que le reflet de votre état. La seule chose gentille que j'aurais pu faire pour vous eût été de vous enfiler vos *tabis*[1] blanches le jour de votre mort, comme je l'ai fait pour ma grand-mère. J'ai beau y

1. Socquettes en toile blanche avec une semelle renforcée et une séparation pour l'orteil.

réfléchir, je crois qu'entre vous et moi, il n'y a pas seulement le lien de la maladie, il y a une voie de l'amour qui passe par la maladie. Je pense que vous l'avez bien compris, vous qui maintenant êtes au royaume de l'absence. Vous adresser ce genre de lettres peut avoir l'air de l'affreuse vengeance d'un vivant qui viendrait troubler le monde des âmes, mais, comme je vous l'ai déjà dit plusieurs fois, y a-t-il meilleurs partenaires que vous dans le mensonge ? Moi, enfant laissé seul au monde, je ne peux que souffrir du liquide empoisonné et mensonger dont les vivants vous ont éclaboussé. La rumeur prétend que le rôle de l'écrivain c'est de dire la vérité. Par bonheur, je ne sais absolument pas ce qu'est la vérité. et devant mon grand-père à qui je ne voulais pas mentir, il n'y avait qu'une solution, celle de me taire.

Père, vous vous êtes levé de votre lit de mort pour nous laisser, à moi et à ma sœur encore innocente, une sorte de testament écrit. Vous avez tracé les idéogrammes de « Chasteté » pour ma sœur, et de « Prends garde à toi » pour moi-même. Je me souviens avoir vu ces calligraphies dans notre maison, à la campagne, mais que sont-elles devenues ? Je ne comprenais pas vraiment le sens des mots : « Prends garde à toi. » Aux yeux de l'enfant que j'étais, je croyais que cela voulait dire, au fond de votre cœur : « Grandis afin de devenir fort. » Je pense que j'ai bien deviné.

Par contre, ma sœur, elle, de six ans mon aînée, était en bonne santé. Si je me réfère au dire des personnes qui l'ont prise en charge, elle semblait bien préparée à l'infortune de ces belles vertus féminines qu'on appelle « chasteté » et « fidélité ».

Moi aussi, j'ai suivi les derniers conseils que vous m'avez donnés sur votre lit de mort, et jusqu'à aujourd'hui je me suis gardé en bonne santé. Moi qui n'ai eu pour me tenir compagnie qu'une vie de jours et de nuits monotones, avec une femme neurasthénique dont l'aspect physique se dégradait de jour en jour, comme j'avais perdu tout espoir d'obtenir le divorce, j'étais prêt à commettre n'importe quel acte.

Enfin arriva le premier jour de l'année où j'allais avoir trente-six ans, année qui nous mènerait à la séparation et me permettrait de gagner de l'argent pour entretenir une autre femme. Si je ne cesse de parler de cela comme si c'était une de mes principales raisons de me réjouir à l'avenir, c'est sans doute parce que ma femme et moi sommes deux êtres sains mais incapables de procréer.

Père, comme vous avez étudié la calligraphie chinoise à l'atelier « Ekidô » d'Osaka, vous avez écrit : « Prends garde à toi » dans le style du maître, et les traits de votre pinceau ne semblent pas être ceux d'un être à l'agonie. Ils trahissent moins votre maladie que votre photo. Ce n'était pas dans vos habitudes de faire étalage de votre douleur. Bien que tout ait été perdu, il était malgré tout réconfortant pour nous que vous ayez pu écrire des poèmes en chinois et que vous nous ayez laissé des calligraphies. Je les ai gardées dix ans à l'internat de l'école puis j'en ai complètement oublié l'existence. Par ailleurs, je suis resté entre six mois et un an à la station thermale d'Izu sans retourner à Tôkyô. J'avais mis de côté mes bagages, n'ayant pas vraiment l'intention de trouver un logement, et ce n'est que deux ou trois ans plus tard que je suis allé chercher mes valises. À cette époque je ne me souvenais plus du tout de vos calligraphies. J'ai retrouvé également des rouleaux signés Ingen, Sokuhi et Mokuan. Nos ancêtres, qui avaient construit au village le temple de la secte Obaku, se rendaient fréquemment au mont Obaku d'Uji. Ils avaient chez eux de nombreuses calligraphies de moines, mais les trois qui me sont restées avaient tout l'air d'être des faux. J'en fis part à ma femme qui était assez près de ses sous. Comme ces rouleaux ne convenaient pas du tout à la décoration de notre alcôve, et que nous n'avions pas fini de payer la note de la pension, elle pria le patron du chenil voisin d'aller échanger les kakémonos contre de l'argent. Quand il revint, il annonça que la personne contactée n'avait pas d'argent sous la main, mais qu'elle gardait les kakémonos et les calligraphies. La pension à laquelle nous devions de l'argent n'étant pourtant qu'à dix minutes à pied de la maison où j'habite maintenant, le patron n'est jamais venu prendre son argent, et moi je ne suis pas allé chercher les kakémonos. Cela fait déjà deux ans. Comme il nous semblait insensé de devoir payer une telle note et que son montant ne correspondait pas du tout à la valeur des trois kakémonos, chaque fois que ma femme y pensait, elle disait : « Bon, alors, j'y vais... », et moi, je souriais et lui répondais simplement : « Oui, c'est ça ! »

Père, je n'ai pas dit à ma femme qu'avec les rouleaux des moines d'Obaku, j'avais mis vos calligraphies. Je les avais suspendues au mur de l'alcôve et quelqu'un les avait montrées du doigt en me demandant de qui elles étaient. Cette question m'avait douloureusement touché à un point sensible et j'avais fait une grimace. Pendant tout le temps de ma croissance jusqu'à aujourd'hui, j'avais appris à apprécier ce legs et à le considérer comme un bienfait, et si vous, mon père, m'aviez enjoint de « prendre garde à moi », c'était une attention qui dépassait de loin mon être propre, quelque chose que vous m'aviez accordé dans la douleur, alors que vous étiez en train de mourir.

Tandis que j'écris cette lettre, il me vient à l'esprit cette phrase de Jean Cocteau : « Je graverai ton nom sur du marbre ou sur le tronc d'un arbre. » En fait, le poème reste un peu obscur, et il ne faut pas s'y laisser prendre, car graver son nom sur du marbre ou sur le tronc d'un arbre n'a pas du tout la même signification, il s'agit même d'une confusion quelque peu insensée. On peut dire qu'un arbre grandit et grossit en cherchant à atteindre le ciel; de même, un nom gravé sur une écorce symbolisera une personne qui cherche avant tout à atteindre la rectitude. Mais si l'on arrive tout simplement à graver son nom dans le cœur d'un enfant ou d'un être aimé, ce nom ne grandira-t-il pas finalement, lui aussi?

Quant à vous, Père, laissez-moi plutôt imaginer que vous avez en vain dessiné votre nom sur le flot ininterrompu de l'eau. Heureusement, vous ne m'avez jamais laissé aucun souvenir que j'eusse aimé effacer, contrairement à la brutalité de mon grand-père que j'ai toujours cherché à éviter. Il avait les voies respiratoires encombrées de mucus et, comme cela l'oppressait, il ne cessait de gémir. Alors moi, je filais dans la pièce voisine et lisais à très haute voix les poèmes de Tôson et de Bansui. Environ un an plus tard, une de mes cousines, qui avait constaté mon absence auprès de mon unique parent, s'est mise à critiquer ma légèreté. De peur de choquer les autres, je sombrai dans un isolement et une solitude tels que je me sentais paralysé.

C'était la faute de ma cousine, et maintenant, quand je fais part à ma femme de mes dernières consignes : « Si je tombe gravement malade, ne laisse personne entrer dans ma chambre, ma mort n'est pas un spectacle! », cela me rappelle la très douloureuse phase de l'agonie de mon grand-père. S'il existe un être tel que Bouddha, comment peut-il permettre que l'on meure ainsi dans de telles souffrances? Les lamentations des paysannes au chevet de son lit m'impressionnaient encore plus que la mort du vieillard.

Lorsqu'il vivait encore, j'avais pris l'habitude de sortir presque tous les soirs après dîner. Dans la maison, quand tout devenait sombre, un étrange sentiment de solitude s'emparait de moi. Hésitant à laisser grand-père seul, je le regardais bien en face jusqu'au moment où, n'en pouvant plus :

« Grand-père ! Est-ce que je peux aller jouer ?

– Oui, vas-y ! »

Il riait de bon cœur, mais semblait triste et j'entendais son filet de voix aigu et douloureux. Alors, je me levais en bondissant, me sentant tout à coup léger, mais plus je me faisais de souci pour lui qui allait rester seul à la maison, moins je pouvais partir, et chaque fois que j'entendais derrière mon dos la sonnette de la petite porte d'entrée, je me sentais pénétré d'une tristesse glaciale. Lorsque j'arrivais à la barrière de notre jardin, je me mettais à courir à toute allure, redoutant le vide dans lequel j'étais plongé, et, craignant que mon grand-père ne fût mort pendant mon absence, je m'approchais à pas de loup de sa couche et regardais son visage endormi. Alors, des larmes de remords de l'avoir laissé seul emplissaient mes yeux. Cependant, déjà à cette époque, son visage était triste comme celui d'un mort. Malgré tout, le lendemain, lorsque tombait la nuit, je recommençais :

« Grand-père ! Est-ce que je peux aller jouer ? »

Voilà comment je me comportais, même quand son état physique se dégradait à vue d'œil.

Il m'est arrivé d'avoir à expliquer à un vieux couple qui avait élevé une fille devenue adolescente que, si celle-ci avait l'air exaspéré, ne voulait pas rester chez elle et désirait sortir au risque de se perdre la nuit dans un terrain vague ou de marcher, inconsciente du danger, le long d'une voie ferrée, c'était parce qu'elle était en proie à un douloureux malaise qui risquait de l'amener à faire n'importe quelle bêtise. En réalité, j'exagérais un peu.

Une enfant élevée par ses parents peut penser à leur

mort, mais la même enfant qui vit avec ses grands-parents ne peut imaginer leur disparition. Car ceux-ci lui imposent une vie comportant à la fois solitude et protection excessives. Ma femme (par exemple), qui n'est dépourvue ni de parents, ni de frères et sœurs, a su mieux que moi comprendre la crainte de cette jeune fille :

« Ne trouves-tu pas que ton grand-père est déjà assez fatigué comme ça ? »

La jeune fille devint toute pâle.

« Pourquoi ? Mais pas du tout, pas du tout… c'est faux… c'est faux… dites-moi que c'est faux !

– Oui… », répondit ma femme, étonnée par la gravité et la dureté de cette jeune personne qui, le cœur gros, finit par rentrer chez elle en disant :

« Si seulement on pouvait mourir tous les trois ensemble ! »

Elle répétait ces mots de temps en temps, car elle ne pouvait imaginer sa vie après la mort de ses grands-parents dont l'adoration béate l'étouffait. Son égoïsme fou n'était pas plus efficace que la petite flamme d'un amour vacillant.

Ma silhouette au chevet de mon grand-père était si affligeante que, par la suite, je fus pris en charge par des membres de ma famille, mais aucun mot de gratitude ne me venait aux lèvres. Pourtant, retiré seul dans ma chambre, je me tenais assis bien droit, face à la pièce où dormaient les autres, et, les mains jointes je me livrais à des salutations sans fin. On pouvait porter à mon crédit que mon cœur était naturellement enclin à la douleur.

Si je continue sur ce ton, je vais arriver au point où il ne me sera plus possible de mentir. Lorsque je lève la tête en soupirant, je porte mon regard sur le kakémono accroché dans l'alcôve et me dis que je vous ai ouvert mon cœur, à vous dont je ne sais si vous êtes présents ou non. J'ai une aquarelle qui a pour titre « Un printemps serein ». En écrivant cette lettre, je me sentais fort triste, mais quand je la regardais, j'étais un peu moins abattu. Cette peinture m'a été offerte par un ami peintre qui est mort cet automne. Alors qu'on transportait son cadavre à la morgue de l'hôpital, je regardais ses yeux vitreux. Habitué comme je l'étais à la mort, je fermai ses paupières et lui caressai le front. J'aimerais écrire quelques vers illustrant agréablement ce « printemps serein ».

Comment pourrais-je encore avoir l'illusion que vous pouvez me voir, moi, votre fils unique laissé seul au monde, alors que vos yeux se sont à jamais fermés ?

Dormez en paix, parents défunts, vous qui n'avez laissé à votre fils aucun moyen de se souvenir de vous.

Allons voir les têtards qui gonflent
dans la ruisselante lumière printanière.
Rêvons à la nonchalante magnificence
au plus profond de l'eau claire.
L'enfant du village avec son clairon
à cordelette rouge qu'il porte en bandoulière
est un ange plein de grâce messager du printemps.
Les poissons s'arquent vers le ciel et
jouent avec les oiseaux et les rayons du soleil.
Les brins d'herbe fraîchement sortis servent
à faire les nids.
Au bord du fleuve, les violettes se tournent vers les
hommes comme s'ils étaient des dieux,
et les hommes prennent les violettes
pour des perles.
Une jeune paysanne devant un rideau rose,
allume la lampe des légendes.

L'ADOLESCENT

1

Cette année, je vais avoir cinquante ans, et j'ai l'intention de publier mes œuvres complètes pour célébrer l'événement. Quarante ans… cinquante ans… découper ainsi la vie en tranches de dix ans, c'est à la fois pratique et non dépourvu de valeur sentimentale, et si je ne profite pas de cette occasion, je crois que je ne publierai jamais mes œuvres complètes.

Dans quel état suis-je physiquement et moralement à l'âge de cinquante ans ? Qui peut envisager cette question avec sincérité ? Tout le monde doit pourtant se la poser le moment venu, mais comme les hommes sont différents les uns des autres, ils ont, sans doute, des réactions diverses, et la seule chose qui leur soit commune, je crois, c'est le sentiment de la fuite du temps.

Voilà en quoi nous nous ressemblons tous. Un point, cependant, me différencie des autres : jamais je n'ai pensé sérieusement à mon âge. Est-ce parce que je n'en ressentais pas la nécessité, ou que rien ne m'y faisait songer, ou peut-être encore parce que je me croyais incapable d'évoquer cette question… ? Je ne sais.

Lorsque j'étais petit, l'idée de l'âge me préoccupait davantage que maintenant. Mon enfance triste a été marquée par la peur de mourir jeune. La mort précoce de mes parents me hantait. Mais à présent, à cinquante ans, j'ai déjà vécu dix ans de plus qu'eux. À vrai dire, je n'arrive pas à me souvenir exactement de l'âge auquel ils sont morts, mais...

Me voici donc arrivé à ce stade de la vie. Cet être extraordinairement faible que j'étais, élevé dans du coton par ses grands-parents, a vécu cinquante années. C'est une chance inespérée.

À présent, j'ai l'impression de n'avoir que des cadavres autour de moi. Mes amis intimes du monde littéraire sont morts les uns après les autres. Pourtant, ils étaient tous en meilleure forme que moi. Ces trop nombreux décès renforcent mon espérance de pouvoir entrer un jour au paradis de l'éternelle jeunesse. Les retrouvailles sont difficiles, et les séparations douloureuses, mais je dois vivre longtemps et j'aurai peut-être la chance de retrouver ceux qui sont encore en vie.

Ma première œuvre a été publiée alors que j'avais vingt-trois ans, et voilà vingt-cinq ans que je mène une vie d'écrivain. Je peux dire que c'est pour moi un bonheur extraordinaire d'assister à la publication de mes œuvres complètes. Quand j'étais encore à l'école primaire, mon grand-père me parlait souvent de Kanô Motonobu. J'avais alors l'intention de devenir peintre, mais plus tard, en deuxième ou troisième année de collège, je lui avouai mon envie d'être écrivain et je me souviens qu'il avait approuvé mon désir. Disons que je ne me suis pas trompé en passant de la première intention à la seconde. Prétendre que je suis né à une époque bénie qui convenait parfaitement à mon talent serait peut-être un peu exagéré, cependant...

Est-ce dû à mon âge ? Je ne sais, mais j'ai pris l'habitude de considérer la vie des gens en la replaçant dans une perspective historique. Peut-être est-ce parce que j'ai vécu la guerre. Je juge le temps présent à l'aune des temps passé et futur.

Lorsque je dis que ce qui nous arrive à nous personnellement n'est pas très important, cela peut paraître étonnant à des jeunes filles ou même à moi, mais si l'on resitue la vie humaine dans un contexte historique, on ne peut s'empêcher d'évoquer le sort douloureux et la malchance des hommes qui ont vécu la guerre que nous avons connue. De même, je ne puis m'empêcher de penser que la destinée dépend en grande partie des circonstances dans lesquelles on vit.

Moi, je me dis romancier, mais le roman n'est-il pas un genre cultivé depuis le *Genji Monogatari*[1] jusqu'à Saïkaku[2] ? Les gens nés à l'époque de Kamakura ou de Muromachi n'avaient guère de critères de jugement. Il n'est pas certain que ceux qui vécurent en ces temps-là aient été moins talentueux que Murasaki Shikibu ou Saïkaku. De même, ceux qui écrivaient en langue chinoise à la même cour que Murasaki Shikibu n'étaient pas forcément moins doués qu'elle. Et il n'est pas sûr non plus que les écrivains contemporains de Saïkaku n'aient pas eu un talent à peu près égal au sien.

Pendant la guerre, les raids aériens devenant de plus en plus violents, je voyageais un jour sur la ligne de Yokosuka avec d'autres passagers à l'allure misérable et lisais le *Genji* dans la pénombre du couvre-feu. Les gros signes imprimés en kana des anciens livres japonais se révélèrent salutaires pour mes nerfs. Je pensais, tout en lisant, que ceux qui flânaient le matin parmi les cerisiers en fleur et menaient une vie raffinée à la cour de Yoshino[3] avaient dû lire et relire le *Genji Monogatari* lors des temps troublés de Muromachi[4]. Je me souviens des nuits passées au fond d'une vallée à lire le

1. Roman écrit par une dame d'honneur, Murasaki Shikibu, au début du XIe siècle.

2. Romancier de la fin du XVIIe siècle, 1re partie de l'époque d'Edo.

3. Cour rivale installée par l'empereur Go-Daïgo, après qu'il eut été chassé de Kyôto, en 1336, par Ashikaga Takauji.

4. Ère Muromachi : 1333-1573. Ère des shôguns Ashikaga.

Genji Monogatari à la lumière diffuse de la lune d'hiver ou d'automne, alors qu'on avait éteint les lumières à cause du couvre-feu. Je me demandais même si je n'avais pas hérité d'une vie de souffrances semblable à celle de ces personnages de Cour de l'époque Muromachi.

Nous étions tellement bridés que nous aurions pu prononcer, comme l'empereur Juntoku[1] durant les temps troublés de Jôkyû[2], ces mots cités dans le *Genji Monogatari* : « On est confronté à l'indescriptible et au jamais vu !... Tous les arts et les activités esthétiques sont réduits à néant. » À cette époque, Minamoto Mitsuyuki fut condamné à mort pour avoir pris part à la révolte de Jôkyû.

Puis je voyais se profiler à la lumière de la lune les silhouettes de l'empereur Godaïgo[3] et de l'empereur Gomurakami[4] accompagné de sa mère, tous deux plongés dans l'étude du *Genji*. J'imaginais aussi les paysages de montagnes et de torrents où, du temps de l'empereur Chôkei[5], il était de mode à la cour du Sud d'aller lire le *Genji Monogatari*. À l'époque de la révolte d'Onin[6], Sôgi, de la fameuse lignée des maîtres en poésie « renga[7] », emmenait avec lui ce roman lorsqu'il partait en voyage. J'imaginais alors cette œuvre calligraphiée par Sanjô Sanetaka s'éloignant le long de la route du Tôkaïdô[8] ou du Sanyôdô[9]. J'ai

1. Juntoku : 1210-1221.
2. Jôkyû : 1219-1221.
3. Godaïgo : 1318-1339.
4. Gomurakami : 1339-1368.
5. Chôkei : 1368-1383.
6. Onin : 1467 à 1469.
7. Chaînes de « tanka » (poèmes de 31 syllabes, dont les première et dernière parties sont composées par des poètes différents).
8. Célèbre route menant de Kyôto à Tôkyô.
9. Une des huit grandes routes traversant le Japon.

essayé d'écrire l'histoire de cette copie du *Genji*, mais je n'y suis pas arrivé. J'éprouvais aussi une compassion particulière – sans doute parce qu'il avait perdu la guerre – pour Ashikaga Yoshihisa, jeune et beau général comme il en existait à l'époque de Higashiyama[1]. Je me plongeais dans la lecture des Mémoires des généraux de la fin de Muromachi et des souffrances qu'ils endurèrent.

Je suis né en 1899. J'aurai cinquante ans en 1949. On passe du *Genji Monogatari* à Saïkaku, et de Saïkaku à qui donc ? Ce « qui » serait-il né la même année que moi ? Qui sait ?

II

Comme il s'agit d'une édition complète de mon vivant, j'ai parcouru mes anciens écrits sur une période d'environ vingt-cinq ans. Jusqu'à présent, je n'avais encore jamais eu l'occasion de lire mon œuvre en entier. Si je n'en avais pas ressenti l'absolue nécessité, je n'aurais pas pu me pencher ainsi sur ce que j'avais produit autrefois. Je ne relirais pas maintenant mes articles publiés dans des revues. Je me lasserais sûrement, en les lisant, à chercher le souvenir du moment où je les ai rédigés.

Maintenant que j'ai appris à mettre une distance entre les événements et moi, j'éprouve à la lecture de mes œuvres une impression profonde et dénuée de

1. Appellation de la période intermédiaire de l'ère Muromachi, dominée par les shôguns Ashikaga (1333-1573). Ashikaga Yoshihisa (1511-1550), shôgun neuvième du nom, fils de Ashikaga Yoshimasa, a régné pendant la période Higashiyama.

toute fantaisie. C'est une expérience rare de pouvoir constater que là où il y a mauvais souvenir, la mémoire a presque tout effacé, mais que si l'on désire évoquer des choses oubliées, la puissance de la réminiscence est de plus en plus forte.

Il ne s'agit pas seulement pour moi d'être révélé au monde en tant qu'écrivain, mais de parcourir tous mes écrits d'autrefois, c'est-à-dire les plus anciens. J'ai gardé de nombreux journaux personnels et ébauches de romans du temps où j'étais au collège, et, dans un recueil de compositions littéraires de deuxième année – j'avais alors quatorze ou quinze ans –, ont été recopiées des rédactions qui datent de ma sixième année d'école primaire. Ce sont là les documents les plus anciens. « Le mont Minô », « Insectes d'automne », « Obtenir la place de premier »..., voilà ce qu'étaient mes premiers balbutiements littéraires, écrits il y a quarante ans, dans une petite école primaire de campagne. Naturellement, tout cela est rédigé dans un style informe et enfantin, mais ces textes ont pour moi un parfum à la fois intime et insolite.

J'ai même retrouvé des lettres que j'écrivais à ma grand-mère illettrée et à mon grand-père aveugle, et, grâce à une carte de vœux de celui-ci, j'ai su qu'alors, j'avais quinze ans : « Bientôt, je vais avoir soixante-quinze ans. Fais bien attention à toi. » Le 8 janvier de cette année-là, j'ai retrouvé une note de lui adressée à mon oncle :

Relevé de comptes :
– Pension pour les mois
de janvier et février .... 46 yens.
– Frais divers .... 130 yens.
(Sont compris les frais de nourriture jusqu'au mois d'août.)
En votre aimable règlement.

Une lettre y était jointe :

Je vous adresse mes salutations.

Ainsi que vous me l'avez demandé, je vous envoie la note des frais de pension et de nourriture. Je manque actuellement d'argent. Les sommes que vous m'allouez sont nettement insuffisantes. Je me trouve dans une situation désespérée. Depuis le mois d'août jusqu'à la fin de l'année, nous sommes restés en compte dans les magasins, et je ne peux que constater l'accroissement de notre déficit. Avec vingt-trois yens par mois, compte tenu de dix yens pour le riz, des frais de charbon de bois et diverses autres choses, plus les trois yens pour les dépenses de grand-mère et encore quelques frais de service, l'argent nous fait cruellement défaut. Très humblement, je viens vous demander assistance. Mon cœur de vieillard est bien lourd lorsque je pense aux conditions difficiles dans lesquelles nous vivons. Naturellement, étant fort âgé, je suis très économe et ne mange que du riz arrosé de bouillon. Vous ne pouvez nous priver de nourriture. Il est difficile de garder Yasunari en bonne santé si, tous les soirs, il ne mange que des prunes en conserve et des légumes. Je reste votre très humble serviteur,

signé de grand-père.

Lettre adressée à l'oncle, curateur.

P.-S. Comme j'ai osé vous parler à cœur ouvert, je me sens apaisé et plus confiant. J'accepterai ce que vous jugerez bon de m'envoyer.

C'est mon oncle maternel qui gérait l'argent laissé par ma mère défunte et qui était chargé de nous envoyer chaque mois les sommes nécessaires à notre vie quotidienne. J'ai compris qu'à cette époque, en 1915, la somme mensuelle allouée était de vingt-trois yens. Lorsque grand-père disait qu'il ne buvait que du bouillon et que je ne mangeais que des prunes, c'était pour obtenir plus d'argent. En fait, il exagérait un peu. Mon grand-père, après en avoir discuté avec moi, avait utilisé des mots susceptibles d'attirer la pitié de mon oncle. Mais ce n'étaient pas non plus de purs mensonges. Le 24 mai de l'année où il écrivit cette lettre, grand-père mourut.

Le *Journal de ma seizième année*, où j'évoque les derniers moments de mon grand-père, a été composé avec des fragments de journaux personnels rédigés auparavant. Voici ce que j'écrivais à l'époque et qui a sans doute été à l'origine de ce texte :

> Je me souviens que je passais ces jours d'agonie de mon grand-père dans une valise en cuir trouvée dans un coin du grenier de mon oncle. C'était la mallette de médecin que mon père avait l'habitude d'emmener en tournée. Après avoir dissipé notre fortune à la suite de mauvaises opérations boursières, mon grand-père paternel avait bradé jusqu'au salon de notre maison. Avant qu'il ne vidât le grenier, j'étais allé voir s'il n'y restait pas quelque objet nous appartenant. C'est ainsi que j'ai découvert cette valise fermée à clef, et j'en ai coupé la lanière avec un couteau. Elle était pleine de journaux d'enfance. À part cela, j'y ai trouvé également le brouillon de celui-ci, tout en désordre.

Cet oncle dont je parle ici n'est pas l'oncle de la lettre qui, lui, habitait au sud de la Yodogawa[1]. Celui chez qui se trouvait la mallette vivait au nord de ce fleuve.

Par ailleurs, ce n'est pas mon grand-oncle qui a vendu les meubles de notre maison, mais mes cousins

1. Fleuve de la préfecture d'Osaka, coulant du nord-est au sud-ouest et se jetant dans la baie d'Osaka.

après sa mort. Comme il s'agissait d'un roman, j'ai utilisé le terme de grand-oncle. Quant à la description de la mallette remplie de textes personnels, il y a là un peu d'exagération. Je ne pense pas qu'il y en ait autant que ça. « À part cela le brouillon de celui-ci. » Il s'agit bien du *Journal de ma seizième année*, écrit sur du papier brouillon. C'était là la différence avec les autres. Ce manuscrit, en fait, a été brûlé une fois que je l'ai eu recopié avant la parution de cette œuvre. Je n'ai pas cherché à confronter le texte actuel avec l'ancien, ni à en relever les différences. En réalité, j'ai conservé ces vieux papiers pendant trente ans, avec l'espoir qu'un jour j'aurais le temps de les relire. Aujourd'hui, à l'occasion de la publication de mes œuvres complètes, c'est le moment ou jamais soit de les brûler, soit de les parcourir encore une fois.

J'ai retrouvé la vingt-deuxième et la vingt-troisième page de l'ébauche du *Journal de ma seizième année* et je les ai utilisées comme postface à l'édition complète. Le texte original a été brûlé, mais quand je me suis décidé à écrire ce récit, j'ai retrouvé ces deux feuilles de brouillon égarées quelque part.

Les pages ne se présentent pas avec des signes bien en ordre alignés les uns au-dessous des autres en colonnes verticales. Elles sont écrites de façon désordonnée sur du papier brouillon, et le total des signes ne correspond pas au nombre de carreaux contenus dans une page.

Il y avait encore quatre ou cinq textes en plus du *Journal de ma seizième année*, écrits sur ce même genre de feuilles. Ce que j'ai appelé *Daïchi Kokudôshû* est un recueil de poèmes de style moderne composés lorsque j'avais quinze ou seize ans. Quant au *Daïni Kokudôshû*, c'est un ensemble de textes datant de 1913. J'ai retrouvé également un « journal » tenu du 18 septembre 1916, au 22 janvier 1918 (1917 est l'année où j'ai terminé le collège – j'allais avoir dix-huit ans) plus ce que j'ai intitulé *Souvenirs de Yugashima*[1], écrit pendant l'été de mes vingt-quatre ans. J'en ai corrigé la première moitié à l'âge de vingt-huit ans, puis j'ai terminé la nouvelle *La Danseuse d'Izu*. Dans la dernière partie de ces *Souvenirs*, il est question de mon amour pour un jeune garçon qui partageait le même dortoir que moi au collège. J'ai retrouvé tous ces vieux papiers que j'ai ensuite brûlés.

III

Ayant été élève à l'atelier « Ekidô » de Naniwa[2], mon père avait pris « Kokudô » comme nom de plume. C'est de là que viennent les titres des deux recueils *Daïchi Kokudôshû* et *Daïni Kokudôshû*. À l'époque, j'étais très sentimental. Il reste de nombreux sceaux de mon père comportant ces deux idéogrammes, tout particulièrement au recto et au verso de ces livres.

Le *Daïchi Kokudôshû* compte soixante-six pages et trente-deux poèmes de style moderne. Le poème intitulé « Lectures[3] », de six lignes de cinq et sept syllabes, est le plus ancien. Il date de janvier 1913. Il exprime la protestation et les espoirs d'un enfant qui souffre que son entourage lui reproche de dépenser trop d'argent pour acheter des livres.

À la fin, on trouve deux poèmes intitulés « Élégie[4] »,

1. *Yugashima no omoïdé.*
2. Ancien nom donné à la ville d'Osaka et à ses environs.
3. « Dokusho ».
4. « Chôshi ».

et le « Ramassage des os blanchis[1] ». « Élégie » est un long poème de vingt vers. Ma cousine qui habitait au nord de la Yodogawa avait épousé un lieutenant de cavalerie de la division Kurumé, qui est mort au champ d'honneur dans le Shandong[2]. « Élégie » est une ode funéraire écrite à cette occasion. D'après ce poème, ma cousine était enceinte, à vingt-trois ans, de son deuxième enfant. Je l'ai composé la nuit du 26 septembre 1914. Quant au « Ramassage des os blanchis », je l'ai écrit à l'occasion de la cérémonie funéraire du ramassage des os de ma cousine[3].

Dans le *Journal de ma seizième année*, j'explique que, mon père étant mort de la même maladie en mai, je restais seul au monde, et comme je ne pouvais pas vivre isolé à la maison, j'avais été pris en charge par mon oncle pendant les vacances d'été ; mais, obligé de rejoindre ma famille pour le ramassage des os de ma cousine, j'avais pris le train pour retourner à l'école.

Je me souviens que je levais toujours la tête devant cette cousine, car j'arrivais à peine à la hauteur de son visage. Je la trouvais très jolie avec son menton rond et charnu. Maintenant que j'y pense, les frères et sœurs de cette famille avaient tous la mâchoire proéminente, et je crois bien que ma cousine aussi. Pour moi, ce menton blanc et doux ondulait dans le vide de façon suggestive. Il me faisait penser à l'arrondi parfait du menton bien en chair des angelots. Comme je n'avais pas l'occasion de la rencontrer souvent, ce souvenir reste très présent dans ma mémoire. Mais mon élégie ne chante pas ce menton. Elle n'est composée que de phrases exprimant une douleur universelle.

1. « Hakkotsu o mukau ».
2. Province située au nord-est de la Chine.
3. Cette cousine est morte de la tuberculose peu de temps après.

Dans le *Daïchi Kokudôshû*, il y a aussi un ou deux poèmes sentimentaux relatant des souvenirs plus ou moins agréables, ainsi que de nombreux poèmes témoignant, pour on ne sait quelle raison, d'un passé sans intérêt.

Les poèmes des *Kokudôshû* sont dans le style de Tôson[1]. Leur valeur réside dans le fait que j'ai cherché à l'imiter. Ceux qui ont été composés à la manière de Bansui sont moins nombreux et moins bien réussis que les premiers.

Il y a quatre feuillets de brouillon intitulés : « Poèmes à la manière de Tôson », parce que je lisais son recueil poétique, la nuit qui a suivi la mort de mon grand-père. Je lisais même lorsqu'il était à l'agonie. C'est pourquoi ces poèmes sont gravés dans mon cœur. Les miens sont mauvais parce que je les ai composés quand je lisais cet auteur du matin au soir lors des visites des proches qui s'installaient chez nous pour faire leurs condoléances. Je suis très reconnaissant à Shimazaki Tôson de m'avoir permis de m'inspirer de son adolescence. Par exemple, le poème intitulé « Si j'étais poète[2] » a été écrit en classe de rhétorique le 14 septembre 1914, et le « Recueil de poèmes à la manière de Tôson[3] » en classe de japonais, le « Ramassage des os blanchis » pendant les cours de géométrie, et comme chaque fois j'ai noté la date et le type de cours, j'ai gardé un souvenir très vif de ces compositions. J'en ai écrit également pendant les heures de dessin et d'anglais, mais là où j'en ai fait le plus, c'était pendant les cours de langue japonaise.

1. Romancier et poète, pionnier du mouvement naturaliste (1872-1943).
2. « Shijin taramu ».
3. « Tôson shishû ».

Quand j'étais au lycée, je me cachais des professeurs pour lire des œuvres littéraires ou composer des poèmes « nouveau style » qui n'ont, du reste, aucune valeur. Pas une ligne écrite de ma propre inspiration ne mérite d'être retenue.

IV

Le *Daïni Kokudôshû* comporte trente-six feuillets. Je l'ai composé alors que j'étais en deuxième année de collège. Ce sont des exercices scolaires sans intérêt. Le premier poème, écrit pendant les vacances scolaires, s'intitule « Conseiller l'escalade à un ami[1] », et le dernier « Pèlerinage à Momoyama[2]. Il y en a aussi qui ont été écrits en dernière année d'école primaire.

L'un d'eux a pour titre « Minôsan » :

> Le mont Minô est situé dans le district de Toyono, près du village de Minô. Célèbre par les sources qui s'y déversent en cascades, ce mont est connu depuis les temps les plus reculés. On peut y aller maintenant en train à partir d'Osaka. Ce lieu est encore plus prisé depuis qu'on y a ouvert un zoo.
>
> Si, de la gare de Minô, on longe le torrent pendant environ un kilomètre, on arrive aux sources. Il est difficile de décrire la chute d'environ trente mètres de ces cataractes sur la roche dure. De chaque côté, se dressent des arbres centenaires. On est entouré de rocs géants sur lesquels se précipitent de toutes parts des bulles d'eau étincelantes qui éclatent avant de tomber plus bas dans un gouffre. Il y a plusieurs centaines

1. « Yûjin no tôzan o susumeru ».
2. « Momoyama Goryô sampaï ».

> d'animaux rares dans le zoo et diverses attractions qui en augmentent encore l'intérêt. Et, au sommet, quel spectacle ! Montagnes, plaines, bourgs et villages s'alignent comme les motifs d'un jardin privé. Et une impression d'immensité vous envahit.
>
> Voilà pourquoi après une marche de quatre heures, une foule de promeneurs arrive dans cet endroit au moment des grosses chaleurs et de l'automne flamboyant.

J'ai écrit ce texte bucolique en 1912, alors que j'étais à l'école primaire dans un coin perdu. J'en ai composé d'autres quand j'étais au collège. Je n'ai pas parlé une seule fois de moi dans la rédaction que j'ai eu à rédiger pendant les vacances de Noël en 1913 ou 1914.

Le 21 décembre 1911, le cabinet Saïonji tombait, le cabinet Katsura lui succéda pendant cinquante jours. Ensuite Yoshinaka fut renversé à son tour et remplacé par Yamamoto. C'était le commencement de la lutte des clans pour le pouvoir. Des incendies éclatèrent dans la capitale impériale. Le ministre des Affaires étrangères eut beaucoup de mal à mater les révoltes en Chine et les manifestations anti-japonaises. C'est alors que le secrétaire général Abé fut assassiné. Les lieutenants Kimura et Tokuda furent les deux premiers sacrifiés du monde de l'aviation. Ensuite mourut dans un accident l'aviateur civil Takeishi. Je me rappelle avoir vu son avion exposé quelque temps après. Mais il est évident que le grand promoteur de l'aviation civile fut Nobi Hirano.

Le 10 juillet 1912, Son Altesse, le général Arisugawa no Miya, mourut. Puis, en automne, ce fut le ministre Katsura, et en juillet, le général Tokugawa, quinzième du nom. En 1913, il y eut plusieurs tremblements de terre, ainsi que des problèmes dans les Balkans, en Chine, à Mexico. C'est aussi cette année-là qu'eut lieu la cérémonie d'investiture du nouvel empereur. Mais, en avril, l'impératrice mourut et la cérémonie du sacre fut reportée à l'année suivante.

Le soir de l'enterrement de l'impératrice, mon grand-père s'est éteint.

En 1914, commença la Grande Guerre. C'est cette année-là que fut terminée la gare de Tôkyô.

Un grand nombre d'artistes moururent en 1913 : Kodama Kateï[1], Shioï Ukô[2], Kawabata Gyokuchô[3], Motoï Toyokaï[4], Kôdô Tokutomo[5], Kimura Masakoto[6], Ishikawa Kumehachi[7], Okuhara Seiko[8], Itô Sachio[9], Takemoto Osumi Daïyu[10], Nakabayashi Gochiku[11], Okakura Tenshin[12].

Dans les recueils intitulés *Kokudôshû*, un seul texte qui a pour titre : « Visite à un ami, un soir de printemps[13] » peut servir de témoignage sur ce que j'étais à l'époque :

> Pris par des examens pendant plusieurs jours d'affilée, et cloué ici depuis quelque temps, je n'ai pu rendre visite à mon ami. Ce soir, je suis sorti pour aller bavarder tout à mon aise. Au-dessus de ma tête, le ciel est couvert de fins nuages blancs semblables à des écailles de poisson. Le croissant de lune est haut dans le firmament.

1. Peintre.
2. Poète et professeur de littérature.
3. Peintre.
4. Poète.
5. Critique théâtral.
6. Spécialiste du Manyôshû, professeur à Tôdaï.
7. Actrice de Kabuki.
8. Personnalité littéraire.
9. Écrivain.
10. Acteur de Joruri.
11. Artiste.
12. Écrivain.
13. « Shunya tomo o tou ».

J'ai également écrit sur le parfum des pruniers blancs de notre jardin, et sur le moment où je suivais la route qui conduisait à mon village natal :

> Le cèdre se dresse au-dessus du temple dans la profondeur de la nuit, comme un pont qui permet aux dieux de descendre du ciel.

La maison de mes amis se trouvait tout près de ce temple. La lumière de la pièce avait quelque chose de triste :

> Je suis dans la chambre des deux frères. L'aîné, assis à son bureau, consulte un livre de citations littéraires. Il a du mal à écrire sa rédaction dont le sujet est : « Réflexions sur les qualités et les défauts des élèves venant de la ville ou de la campagne ». Je reste à côté de lui et parcours pendant plus d'une heure un recueil de poèmes de Rôka[1]. Il finit sa rédaction. Nous nous asseyons à cinq, en rond, autour du brasero, avec son père et sa mère. Nous sommes fort gais et bavardons comme nous en avons l'habitude, sautant d'un sujet à l'autre. La conversation se déroule comme les images d'un kaléidoscope. Réjouissons-nous de la chaude amitié d'une famille immuable. Moi qui n'ai ni père, ni mère, ni frère, ni sœur, plutôt que d'être aimé par tout le monde, je préfère vivre enveloppé de l'amour d'une seule famille, ou de celui, plus fort encore, d'un grand-père. Nous continuons à bavarder pendant quelque temps dans la pâleur de la lune. Les lumières des villages voisins scintillent au pied des montagnes dans le lointain. Le bruit de la paille qu'on bat se fait tantôt proche, tantôt distant, tantôt fort, tantôt faible, et, devant l'inconnu de cet univers obscur, nous nous taisons et sombrons dans un profond silence.

1. Tokutomi Rôka : écrivain de l'ère Meiji, 1868-1927.

Une note datée du 3 mars 1914 a été ajoutée : « Est-il bien vrai que j'entendais de tous côtés le bruit du battage, ou n'est-ce pas de ma part qu'un procédé littéraire ? » Je suis aujourd'hui incapable de le dire. J'ai bien écrit : « Je passai le portail », alors que chez moi il n'y avait pas de portail, seulement une haie naturelle et circulaire de chênes, mais chez mes amis, il y avait un beau portail et une palissade.

Dans un texte intitulé « Le jardin d'antan[1] », j'ai déjà parlé des visites que je faisais à ce garçon. Échappant à la solitude silencieuse de la vie à deux que je menais avec mon grand-père, tous les soirs j'étais comme aspiré par le désir impérieux d'aller à sa rencontre. Qu'il fût mon aîné ou mon cadet à l'école, cela importait peu. Je partageais avec lui une intimité qui ressemblait de plus en plus à de l'amour physique pour le sexe opposé. Les amours adolescentes sont toujours un peu comme cela. C'est également le cas pour les parents avec leurs enfants. Nous étions façonnés par l'habitude et hantés par le désir d'être ensemble, mais ce n'était pas un amour homosexuel.

V

Dans ce journal du 18 septembre 1916 au 22 janvier 1917, je parle de mon amour homosexuel.

> Jeudi 14 décembre 1916. Temps couvert. Il se met à pleuvoir.
>
> Je me suis levé un peu avant la sonnerie du réveil

1. « Koen ».

pour aller faire pipi. Le froid me fait frissonner. Je me recouche, prends le bras chaud de Kiyono, lui entoure la poitrine et mets son visage contre le mien. Kiyono semble rêver et serre fort mon cou en s'appuyant sur ma tête. Mes joues pèsent sur les siennes et mes lèvres desséchées se posent sur son front et ses paupières. Je regrette que mon corps soit si froid. Kiyono ouvre les yeux de temps en temps innocemment, et me tient la tête. Je regarde longuement ses paupières fermées. On dirait qu'il ne pense à rien. Je reste ainsi à peu près une demi-heure. Je n'ai aucun autre désir, Kiyono non plus.

Quand je me lève, je suis tout ébloui. Je me suis donné beaucoup de mal, hier, pour faire mes exercices d'anglais, et ce matin, à nouveau, je les ai vérifiés ; très sûr de moi, je les ai expliqués à Hirata. J'ai écouté le cours avec attention.

Pendant l'heure de grammaire anglaise, le professeur a dit qu'il allait ramasser les copies. J'ai donc vite corrigé ma rédaction, après il a annoncé que les meilleurs étaient Sekiguchi et Hosokawa, parce que c'étaient eux qui avaient rendu les plus longs devoirs. Quand je pense que je me suis pressé pour être le premier à avoir terminé, que je n'ai pas levé la main et qu'on ne m'a pas interrogé, j'ai écouté ce verdict d'un air glacial. Je trouve cela écœurant.

Cet après-midi, avec la pluie qui rend tout humide et le froid je me sens de mauvaise humeur.

J'envoie à Suzumura, qui est à Kyôto, le numéro spécial de la revue *Nouvelle Vague*[1] qui a pour titre : « Les dernières tendances littéraires[2] ». Après avoir rendu à la bibliothèque Momosé les livres empruntés : *Le Suicide des amants d'Imado*[3] et *Le Maître de Haïkai*[4], et dépensé dix sens de timbres, il ne se me reste

1. *Shirchô.*
2. « Bundan Shinkiun go ».
3. *Imado Shinju.*
4. *Haïkaishi.*

plus rien. Ces ouvrages sont ceux que je lisais le plus souvent pendant les dix minutes de récréation entre les cours.

Le soir, la pluie s'est arrêtée, mais le ciel reste couvert.

Dimanche 21 janvier 1917. Temps nuageux.

Je n'arrive pas à me débarrasser de ma paresse, même quand il s'agit de ce journal. C'est parce que j'ai été trop impressionné par la lecture, à la fin de l'automne, du *Supplicié*[1]. Je me demande pourquoi je traîne ainsi alors que j'ai pris la ferme décision de retracer avec honnêteté les événements marquants de ma jeunesse vécue dans la pauvreté. Je n'ai même pas commencé à relater ce qui s'est passé depuis le 7 jusqu'à aujourd'hui. J'ai l'impression d'être obligé de faire quelque chose qui me déplaît et de ne pas avoir envie d'écrire. De plus, je n'en ai pas le temps à cause de la préparation de l'examen d'entrée au lycée. Mais, dans mon for intérieur, je me reproche d'invoquer ces prétextes, et j'aimerais bien m'y remettre.

Aujourd'hui ont eu lieu les compétitions d'arts martiaux. Ce sont deux élèves de ma chambrée qui ont gagné : Koïzumi et Sugiyama.

À l'internat, on a tué le cochon. À la fin des compétitions, je suis allé faire un tour à la porcherie. L'animal avait déjà été écorché et sa vilaine peau s'étalait en travers du sol. Un tonneau était rempli d'une eau additionnée d'un sang répugnant aux éclats phosphorescents.

Le cœur et les pattes de la bête pendaient. Le commis découpait sauvagement la chair qu'il vendait aux

1. *Junansha.*

professeurs de l'école. Bien qu'il ne s'agisse que de la mort d'un cochon, cela me fait quand même de la peine. C'est à n'y rien comprendre, à n'y rien comprendre. Mais, gardons notre réserve et restons calme !

Koïzumi s'est rendormi avec un mal de tête. Il n'a pas quitté son pyjama. Sugiyama n'étant pas là, Kiyono en a profité pour se plaindre d'Oguchi qui, après avoir fait dans la plus grande discrétion toutes sortes d'investigations, a posé à Kiyono des questions très osées ou s'apprêtait à le faire.

Le soir, après avoir pris un en-cas avec mes camarades de chambre (Oguchi était là aussi), nous sommes tous allés étudier, les uns dans le bureau, les autres dans la salle de lecture. Oguchi le savait. Je le lui avais dit. Au bout d'un moment, Kiyono est retourné dans la chambre tout seul et s'est couché. C'est alors qu'Oguchi est apparu en disant comme s'il s'adressait à moi : « C'est toi, l'ami ? » Alors qu'il savait très bien que ce n'était pas moi mais Kiyono, élève de deuxième année, il s'est précipité dans mon lit qui est juste à côté de celui de Kiyono, car je déplie et place mon matelas le long du sien afin d'avoir toujours son bras à portée de ma main. Oguchi s'y est enfoui et a commencé à lui parler. Je n'ai pas envie de lui demander ce qu'il lui a dit, mais d'après les bribes d'explications données à bâtons rompus par Kiyono, je peux facilement imaginer de quoi il s'agissait. Finalement, Kiyono refusant de jouer à ce jeu, Oguchi s'en est allé.

Kiyono, mortifié, est furieux après Oguchi qu'il accuse de cruauté. Quant à moi, je me suis arrogé le droit de dire qu'Oguchi s'est conduit de façon ignoble en choisissant le lit de Kiyono. Mon cœur battait à tout rompre. À travers ses reproches, Kiyono manifestait toute sa confiance et son amour pour moi. J'avais une folle envie de le serrer dans mes bras pour le remercier.

Pendant l'heure de méditation, j'ai donné libre cours à mon imagination et n'ai cessé de réfléchir. Je passais d'un extrême à l'autre, d'une haine farouche pour Oguchi à un flot d'amour pour Kiyono. Ma haine me commandait de cesser de le fréquenter, mais, à y bien réfléchir, n'étais-je pas emporté par une excitation passagère qui me poussait à me mettre en colère contre Oguchi ? Mes folles pensées prenaient l'allure de fantasmes, qui tous me faisaient rougir. Ai-je pu regarder une seule fois un jeune et beau garçon, ou une belle jeune fille, sans éprouver de désir charnel ? Lorsque je regarde Takagi, Fujié, Nishikawa, quelle est la nature de mes pensées ? Pour Kiyono, n'ai-je pas dans le cœur quelque désir trouble ? Peut-on affirmer que je regarde Kiyono et les autres exactement de la même manière ? En tout cas, à l'encontre des premiers, jamais une telle colère n'aurait pu m'ébranler. À vrai dire, j'aime beaucoup plus Kiyono qu'Oguchi, et ce qui fait vraiment la différence avec Oguchi, c'est que Kiyono m'adore. Il me permet tout. Entre nous, il y a une entente totale qui l'incite à tout m'accorder, si bien que, pour lui, je suis tout.

Quand j'ai deviné que Koïzumi dormait seul dans la chambre et qu'Oguchi était dans celle d'à côté, je me suis senti troublé et agité. Après un instant de réflexion, je me suis précipité dans la chambre, j'ai allumé l'électricité et jeté un coup d'œil au visage endormi de Koïzumi.

Ce soir, j'ai éteint la lumière, me suis couché tout de suite pour serrer dans la mienne la main de Kiyono. Puis je me suis endormi en le prenant dans mes bras et en pensant à la stature de champion d'Oguchi.

En 1916, alors que j'avais dix-sept ans, Nakajô Yuriko a publié dans la revue *Chûôkôron*, à l'instigation de Tsubouchi Shôyô, sa première œuvre intitulée « La foule des pauvres gens[1] ». L'année de mes dix-huit ans, le roman de Shimada Seijirô, *D'ici-bas*[2], fut

1. « Mazushiki Hitobitonomure ».
2. *Chijô*.

publié par la maison d'édition Shinchôsha, à l'instigation de Ikuta Chôkô. La publication des œuvres de ces deux personnalités la même année m'avait sidéré, moi petit élève d'un collège de campagne. Mais ce qui m'étonne le plus, c'est que trente ans après, à l'âge de cinquante ans, j'essaie de relire mon propre journal écrit sans ambages entre dix-sept et dix-huit ans.

Dans un livre de soixante-sept pages, *Souvenirs de Yugashima*, je me suis déjà étendu longuement sur ma relation avec Kiyono. Je l'ai écrit à l'âge de vingt-trois ans, alors que j'étais étudiant. J'ai aussi envoyé des lettres à Kiyono quand j'étais au lycée. J'écrivais des textes littéraires que les professeurs me notaient, puis j'en faisais des lettres que je lui adressais. Je gardais pour moi les passages que je ne voulais pas lui montrer. Je les ai encore aujourd'hui. J'en ai même un brouillon de la page 20 à la page 26 qui devait être un fragment d'une longue lettre d'environ trente pages. Je me souviens avoir donné à ce texte la forme d'une lettre.

J'ai essayé de décrire mon amour pour Kiyono alors que j'étais encore au collège, et même plus tard, je lui ai écrit du lycée, et de l'université.

Aujourd'hui, à cinquante ans, je relis toute cette collection. Il n'y a que moi qui puisse être profondément ému à la lecture de ces trois cahiers. Bien qu'ils ne renferment que des bribes de textes ou des écrits inachevés, il serait dommage de les jeter au feu.

VI

Je crois que j'étais en première année de lycée quand j'ai présenté ces lettres comme textes de dissertation. Je les ai écrites entre le mois de septembre de ma dix-huitième année et le mois de juillet de ma dix-neuvième année. En septembre, je suis entré au lycée. Mais il ne reste que les vingt dernières pages, les vingt premières ayant été arrachées et sans doute envoyées à Kiyono. J'en ai gardé six pages et demie.

J'aimais tes doigts, tes mains, tes bras, ta poitrine, tes joues, tes paupières, ta langue, tes dents, tes jambes.

Je t'aimais et crois pouvoir dire que tu m'aimais aussi d'amour.

Cette déclaration devrait suffire à me faire comprendre. Comment un tiers aurait-il pu deviner au premier coup d'œil ce qu'il y avait entre nous, entre toi, mon cadet, et moi, ton aîné et de plus le chef de chambrée ?

Au printemps du premier trimestre, lorsque nous nous sommes trouvés dans la même pièce, j'ai cherché à éviter que Kakiuchi et Sugiyama ne couchent juste à côté de nous. Je savais déjà que Sugiyama était malade, quant à comprendre pourquoi je ne voulais pas de Kakiuchi, j'en ignore encore la raison, sans doute parce qu'il était plus précoce que les autres et déjà au courant des histoires entre cadets et aînés, qu'il était dans la même classe que toi (il avait raté son examen de première année), et que tu lui plaisais bien. Mais, choqué par la maladie de Sugiyama, il a eu envie de changer de place.

Finalement, c'est bien toi qui as dormi juste à côté de moi.

Kakiuchi ayant quitté l'école, Koïzumi prit sa place dans la chambre. Avec Sugiyama, ils s'endormaient aussitôt couchés. Nous étions alors bien tranquilles pour bavarder. Mais souvent le soir, Sugiyama, en proie à une quête métaphysique, quittait la chambre et étudiait très tard, même après l'extinction des feux.

Tu ne m'as jamais refusé tes bras ni tes lèvres. Toi, si pur, tu me les offrais. Tu devais imaginer que tu étais dans les bras de tes parents, as-tu maintenant complètement oublié ? Moi je n'avais pas un cœur aussi pur que le tien. Si nous étions encore ensemble, ces mots ne voudraient pas dire grand-chose, mais depuis que nous nous sommes quittés, Kitami est devenu chef de chambrée, et je crois que Kikugawa et Asada dorment, eux aussi, avec vous. Quand j'étais là-bas, leur beauté faisait l'admiration des aînés. Takami n'était pas un crack de cinquième année, plutôt un faiblard de quatrième année. Est-il maintenant assez fort pour protéger les élèves du dortoir ? Toi, enjeu de la bassesse des aînés, ne vas-tu pas avoir à affronter leur vil désir ? Ou bien serait-il plus exact de dire que tu en as déjà été l'objet ? D'après une lettre de Shimamura, il semble que de très beaux adolescents aient semé le trouble. Je crois que tu m'en parles aussi dans ta lettre.

Je n'ai pas fait d'efforts pour prononcer les mots : « bras, lèvres, amour ». Ils me sont venus tout naturellement. Bien que j'aie imaginé ce qui aurait pu nous arriver, je n'ai jamais cherché à aller jusque-là, même en rêve. Ça, tu le sais très bien.

Surtout, je n'ai pas voulu t'attirer dans le gouffre où les aînés entraînent les cadets et, n'ayant pas accès à ce monde, je voulais jouir de ton corps jusqu'à l'extrême limite de notre univers ; dans mon inconscience, j'inventais pour cela toutes sortes de nouvelles manières. Ah ! comme tu les acceptais avec naturel et naïveté ! Et cet extrême dont j'ai été l'initiateur n'a suscité en toi ni dégoût, ni soupçon. Tu as été pour moi un dieu salvateur. Ah ! toi que j'ai aimé (si j'avais été plus exigeant encore, je crois que tu m'aurais fait confiance), tu as été l'émerveillement de ma vie.

Mais quelle différence entre la langue, les jambes et le plus profond de la chair ? Seule ma timidité m'a retenu ; j'en porte la responsabilité.

Comme il n'y avait aucune présence féminine à la maison, j'étais peut-être troublé sexuellement. Depuis l'âge le plus tendre, je me laissais aller à mes fantasmes érotiques. Les jeunes et beaux garçons m'inspiraient davantage de désirs étranges. À ce stade de mes expériences amoureuses, j'étais plus attiré par les adolescents que par les jeunes filles, et, à l'heure qu'il est, j'aimerais exprimer ce désir sous une forme littéraire. Combien de fois ai-je soupiré : « Ah ! si tu étais une femme ! »

Il est pénible d'écrire cela, mais moi qui ai laissé ton corps si emmêlé au mien, ai-je seulement retiré quelque joie de mon intégrité morale ? Ne serait-ce pas mieux de dire que pendant un temps, j'ai éprouvé une frustration qui me désolait ?

Quand Kakiuchi nous a quittés, j'ai ressenti tout d'abord comme un manque brutal.

En effet, au début de l'année scolaire, après l'attribution des chambres, je te trouvais charmant, mais j'éprouvais aussi une joie certaine, quoique discrète, à avoir comme compagnon Kakiuchi, si féminin et raffiné que j'adorais l'observer quand il prenait son bain.

Kakiuchi était différent de toi en ce sens qu'il était très au courant des façons de faire des aînés. Il s'offrait à moi en ayant l'air de tout me permettre et cela me troublait beaucoup.

Te souviens-tu de lui lors de cette soirée de juillet ? Les élèves des grandes classes l'avaient violemment battu au cours d'un bizutage. Il gisait par terre tout en sueur, inerte, comme mort. Je l'ai pris dans mes bras puis l'ai porté sur mon dos jusqu'à la salle de douches. Je le sentais peser sur mes genoux alors que je l'aspergeais d'eau froide. Il transpirait tant que je ne pouvais pas lui enfiler son pyjama. Je l'ai mis tout nu sur mon dos. Était-il épuisé ou voulait-il me provoquer, je ne sais, et si je n'ai pas été plus loin, c'est uniquement à cause de ma timidité. Peut-être que dans son for intérieur, Kakiuchi s'est moqué de ma lâcheté.

Juste avant les vacances d'été, alors que nous allions nous séparer, mon affection pour ce Kakiuchi que j'avais assisté dans de si pénibles circonstances et mon amour pour lui s'intensifièrent. Plusieurs fois, je lui envoyai de longues lettres pour lui demander d'être à nouveau mon compagnon de chambre en septembre, mais il quitta l'école. Je lui écrivis encore. Puis je fus convoqué par le directeur qui, prenant prétexte de raisons familiales et de mon inclination amoureuse, me fit savoir qu'il était préférable que Kakiuchi quittât l'école. Il me demanda de ne plus le troubler avec des tendres lettres. J'étais si honteux que j'en avais des sueurs froides. Ma rentrée scolaire allait-elle être marquée par une blessure sentimentale ?

À l'inverse de ce que je ressentais pour Kakiuchi, mon sentiment pour toi était beaucoup plus pur. Toi, tu aurais fait exactement ce que je te demandais, même si cela t'avait été pénible. Encore maintenant, après ces aveux, je suis sûr que tu ferais tout ce que je demanderais. Nous sommes allés jusqu'à l'extrême limite de ce qui nous était permis, et si j'ai respecté ces limites – je te l'ai déjà dit et ne voudrais pas t'ennuyer en te le répétant – je pense qu'un jour viendra où je serai absolument certain que c'était par amour plutôt que par timidité.

Rappelle-toi... un soir, tu as fait annuler mon départ, alors que je rentrais chez moi. Tu as tiré mon matelas presque sur le tien et, me serrant dans tes bras, tout en pleurs, tu t'es plaint d'Oguchi qui t'avait effrayé en faisant irruption dans la chambre. Mais toi, tu ne savais rien des exigences des aînés et tu n'avais pas peur que cette histoire puisse me blesser.

Une autre fois, tu n'avais pas desserré ta chaude étreinte comme si, pour toi, j'étais quelqu'un d'irremplaçable. Après avoir travaillé tard à la bibliothèque pour préparer mon examen d'entrée au lycée, j'étais entré tout à coup dans la chambre et avais aperçu Uéshima couché en boule dans ton lit. Naturellement, il était venu là dans un but bien précis. Très choqué et tremblant de colère, je t'avais forcé à me parler clairement des désirs libidineux des aînés, mais toi, tu n'avais pas desserré ta chaude étreinte comme si, pour toi, il n'y avait personne d'autre au monde que moi. Un amour si limpide m'avait tiré des larmes de consolation.

Ma timidité est allée jusqu'au respect de toi mais,

par miracle, j'ai réussi à ne pas te salir, je dois avouer que pour cela je n'ai pas eu besoin d'avoir recours à la patience ou de subir une contrainte irraisonnée. C'est à ton âme d'enfant que je le dois. Je ne pourrai jamais lui en être assez reconnaissant.

Tu étais un de ces êtres merveilleux qui aurait pu, tout simplement, m'avoir été confié par ses parents.

C'est troublé et gêné que j'ai écrit ces lignes. Sans doute l'ai-je fait pour me justifier, mais sans aucune intention de te blesser.

Je me suis arrêté à la vingt-sixième page. Maintenant que j'ai cinquante ans, cette lettre m'étonne un peu. Si à la fin de ces feuillets j'ai dit : « C'est troublé et gêné que j'ai écrit… », ou bien : « sans aucune intention de te blesser », qu'ai-je bien pu lui écrire avant ? En tout cas, ce texte est bien destiné à Kiyono. Ce qui m'étonne le plus, c'est qu'il ait pu servir de rédaction à l'école. J'ai oublié la note que m'avait mise le professeur et l'attention qu'il avait portée au contenu. Je pense qu'il a dû le trouver étrange. J'ai écrit ce texte alors que j'étais en première année de lycée. Il n'en reste pas moins qu'il est extrêmement libertin et même absurde.

VII

Quant aux *Souvenirs de Yugashima*, j'en ai cent sept feuillets de brouillon de quatre cents signes chacun. C'est une œuvre inachevée.

De la sixième à la quarante-troisième page, il est question d'un voyage que j'ai fait à Shitada, au-delà d'Amagi, en compagnie d'une danseuse qui faisait partie d'une troupe itinérante. C'était en 1918, j'avais alors dix-neuf ans. De ce passage, j'en ai tiré plus tard *La Danseuse d'Izu*. Lorsque j'écrivis les *Souvenirs de Yugashima*, c'était en 1922, à l'âge de vingt-trois ans. Quant à *La Danseuse d'Izu*, je l'ai rédigée à vingt-huit ans.

Ainsi, toute la partie des *Souvenirs de Yugashima* qui concerne la danseuse, je l'ai écrite en souvenir du jeune Kiyono. Je ne l'ai pas encore remise en ordre sous la forme de *La Danseuse d'Izu* mais, tel que je l'ai là, le brouillon compte plus de pages que la nouvelle, et les sentiments y sont plus profonds. Ils expriment le regret mélancolique d'un voyage et la nostalgie d'un amour d'une année partagé chaque jour.

Quant à la première page des *Souvenirs de Yugashima*, je ne peux lire le bas qui a été déchiré, mais le haut est à peu près lisible. Il se présente ainsi :

> Je connais le printemps à Yugashima, et aussi l'automne et l'hiver, mais j'en ignore l'été. C'est pourquoi je suis prêt à affronter les derniers jours de juillet, le point culminant des chaleurs estivales.
>
> Quand je changeai de train à la gare de Mishima pour continuer en direction de Onin, je vis au guichet des billets de la ligne Shuntô une jeune fille fort sympathique. Gai, frais et dispos, je me suis dit : « Tiens ! le voyage risque d'être intéressant ! »

Je peux ainsi savoir que j'ai écrit les Souvenirs de Yugashima à la fin de juillet ou au début d'août. Maintenant, je suis certain que c'est à Yugashima que je me rendais, rayonnant de joie.

En 1927, à l'âge de vingt-huit ans, au moment où parut *La Danseuse d'Izu*, j'écrivais ceci :

> Alors que je relisais le livre que je venais d'achever, je reçus la visite de Yoshida. La danseuse d'Izu portait un kimono de l'établissement thermal de Yugashima. Nous nous sommes bien amusés à évoquer toutes

sortes de souvenirs racontés dans les brouillons originaux et à les égrener un à un. Cela m'a rappelé cette merveilleuse période passée à l'auberge des sources thermales.

L'établissement s'étirait en longueur. Moi, héros de *La Danseuse d'Izu*, j'avais dix-huit ans et j'étais en première année de lycée. C'était il y a neuf ans. La boîte en fer de pâte dentifrice dessinée sur le côté droit de la couverture du cahier de brouillon intitulé *La Danseuse d'Izu* appartenait, si je me souviens bien, à la fillette de l'auberge prénommée Nariyoshi. Elle doit être maintenant en quatrième année d'école primaire mais, au moment où je suis allé à Izu pour la première fois, elle avait deux ou trois ans. Je la vois encore essayant de monter l'escalier en rampant sur les marches sans arriver à grimper jusqu'au premier étage.

Pendant dix ans, pas une seule année ne s'est écoulée sans que j'aille à Yugashima. On a fini par me prendre pour un natif d'Izu. J'y suis resté dix-huit mois, depuis le début de l'été, il y a deux ans, jusqu'en avril de l'année dernière; malgré l'approche du printemps, j'étais toujours dans le même établissement, et cela depuis l'automne de l'année précédente. Sur la fiche de livraison de l'éditeur, je peux lire l'adresse de l'auteur : « Yugashima. Commune de Kanô. District de Tagata, Province de Shizuoka. » C'est à l'hôtel de Yugashima que la trentième nouvelle des *Histoires tenant dans la paume de la main*, intitulée « Décor sentimental », et quatre chapitres de *La Danseuse d'Izu* ont été écrits. Dès que j'arrive à la gare de Shûzenji, je reconnais le paysage. Et il ne serait pas difficile de compter tous les visages familiers de Yugashima ou de Yoshina. Au printemps dernier, mon départ provoqua les pleurs de l'aubergiste. On eût dit que j'étais son fils et que je partais pour un long voyage. Mais dès l'automne suivant, j'y retournai. J'étais si intime avec les gens de l'auberge ! Les dizaines ou les vingtaines de fois où, au cours de mon existence, je me suis senti malheureux, j'ai accouru au pied du mont Amagi…

Aujourd'hui, à l'âge de cinquante ans, je ne connais plus d'endroit qui puisse me procurer une telle joie, un tel élan d'amour. Aurai-je la chance d'en retrouver un dans les années à venir ?

Aux pages 2 et 3 du brouillon des *Souvenirs de Yugashima*, je lis :

> Je garde également des souvenirs d'Izu. Comme il s'agit de souvenirs, je peux me permettre d'être sentimental. Yugashima est mon pays d'adoption. J'ai bien souvent quitté Tôkyô pour me rendre sur la face nord du mont Amagi : une fois en automne, alors que je craignais que ma jambe fût paralysée, et une fois en hiver, alors que j'essayais de consoler mon cœur brisé parce qu'une personne m'avait trahi. Ce qui m'attirait, c'était simplement la nostalgie que j'avais de cet endroit.

Et à propos de la beauté du site :

> Je ne connais pas encore les stations thermales de Itô ou de Dôi, sur la côte occidentale de la péninsule d'Izu, mais parmi les nombreux villages situés sur la ligne de Nekkaï ou de Shuntô, en direction de Shitada, c'est bien Yugashima que je préfère.

Puis, de la fin de la cinquième page au début de la sixième :

> Les danseuses itinérantes qui marchent inlassablement d'une station thermale à l'autre disparaissent au fil des années. Mon souvenir de Yugashima commence avec l'une d'entre elles. De mon premier voyage à Izu, je me rappelle une magnifique danseuse, comète éblouissante dont la trajectoire allait de Shûzenji à Izu. C'était à la mi-automne et je n'étais qu'en deuxième année de lycée. Après Tôkyô, c'était mon premier voyage digne de ce nom. J'ai gardé un souvenir émerveillé de ce trajet, comme si la danseuse avait été une étoile filante, et le paysage de Shûzenji à Shitada, la

queue de la comète. J'ai passé une nuit à Shûzenji. Alors que je me rendais à pied à Yugashima par la route de Shitada, je me suis retrouvé face à face avec trois de ces danseuses qui allaient vers Shûzenji. Celle qui portait le tambourin, on la remarquait de loin. Je me suis retourné pour les regarder en pensant qu'elles avaient bien l'air d'être des itinérantes.

Dans *La Danseuse d'Izu*, j'ai écrit : « Cet automne-là, j'avais mal à la jambe. » (J'étais alors en troisième année de lycée), l'époque des *Souvenirs de Yugashima* :

J'ai reçu la lettre d'un ancien camarade de chambre du collège : « Quand j'entends un bruit de pantoufles au bout du long couloir, je me demande toujours si ce n'est pas toi. Mais aussitôt, je sais bien que non, car le bruit que faisait ton pied gauche était différent de celui de ton pied droit, et souvent j'imite la façon dont tu descendais les escaliers à pieds joints. »

Moi-même, j'ignorais que le bruit que faisaient mes deux pieds était différent. Je n'avais pas l'air de boiter. Peut-être était-ce le symptôme d'une maladie, en tout cas, c'est bien à cause d'une douleur à la jambe droite qu'à la fin de l'automne de l'année suivante j'ai rencontré ces danseuses itinérantes en allant à Yugashima.

Pendant quatre ou cinq jours, ma hanche tout enflammée me fit souffrir, et mon pied droit resta sans réaction. Et après avoir réussi à me mettre debout, je trouvais moins douloureux de boiter que de marcher normalement. Mais parfois, ma socque filait sur le côté et cela me gênait. Le médecin me conseilla les bains de sources chaudes.

Depuis la gare d'Ohito, je parcourus six kilomètres en carriole. Puis, je fis arrêter la voiture à un endroit que je connaissais sur la route de Yoshina. C'était un doux soir d'automne, après le coucher du soleil. J'étais l'unique passager.

Après environ un kilomètre et demi, j'eus envie de pleurer, car mon pied droit se mit à traîner. Le désespoir s'empara de moi. Mon pied me faisait souffrir et je perdais ma socque droite. J'étais désemparé. On n'apercevait plus que la peinture blanche du pont de Sagazawa. Les tourbillons d'eau se brisaient sur les roches, et les sombres montagnes alentour étaient noyées dans l'immensité du soir. J'avais beau me presser, mon pied traînait toujours.

Je pensai alors m'éloigner de la route et prendre un raccourci le long de la rivière Kanô. J'espérais trouver un chemin après avoir passé un pont. Mais, au lieu de traverser, je suivis la rive du torrent, continuai et finis par me perdre. Je contournai la montagne sans voir aucun pont qui eût pu me conduire à une auberge. Il ne me restait plus qu'à revenir sur mes pas, ma socque à la main.

Comme l'eau était claire et peu profonde, je me mis à genoux et me trempai jusqu'à la hanche. Mais c'était déjà la saison des kimonos molletonnés et l'eau froide de la rivière au fond de la vallée me causa un choc nerveux. Laissant aller au courant mon pied recroquevillé par le froid, j'eus l'impression que j'allais m'évanouir. Je n'étais pas fier lorsque, au cœur de la forêt, je me présentai à la porte d'une auberge à la lumière vacillante, vêtu d'un hakama dont le bas était trempé. La danseuse y avait dansé l'année précédente.

Je me débarrassai de mes vêtements mouillés et me plongeai dans l'eau chaude. Mon pied droit, qui lentement était revenu à la vie, me fit soudain curieusement mal.

À moitié désespéré, je contournai la montagne sans voir le moindre chemin et retrouvai assez de forces pour traverser le torrent ; finalement ce ne fut pas trop grave. Une semaine plus tard, je pus parcourir environ quatre kilomètres, en faisant l'aller et retour à pied de Yoshina à Funamoto.

À Funamoto, la salle des bains de l'auberge était vaste, le jardin spacieux et chaque chambre comprenait plusieurs piliers. L'eau dans laquelle on se baignait avait une légère couleur jaune et une fine couche de boue flottait à la surface. Les hommes s'y plongeaient entièrement pour guérir leurs maladies de peau. En remontant dans ma chambre, je vis une femme, quelques portes plus loin dans le couloir, qui agitait sa tête tout ébouriffée. Elle avait enroulé une serviette humide au sommet de son crâne, et roulait des yeux effrayants. Ce ne pouvait être qu'une folle hystérique. Il y avait aussi un homme avec qui j'avais bavardé dans le couloir et qui prétendait être le frère aîné d'un de mes professeurs de lycée. Il était atteint d'une tuberculose qu'il avait contractée en Mandchourie. Je sortais après le déjeuner puis revenais. Il n'y avait presque pas de clients à Yugashima. L'eau de la source et du torrent était pure. Je me sentais bien, car j'étais capable de parcourir à pied une distance d'environ seize kilomètres.

J'y suis resté dix jours, puis je suis rentré à Tôkyô où soudain, un matin, j'ai décidé d'aller à Yugawara, non que j'eusse été complètement guéri, mais je n'avais pas assez d'argent pour me permettre de suivre un long traitement thermal.

Quand je marchais normalement, on ne pouvait pas voir que je traînais le pied. Il s'agissait d'un mal dont la cause était difficile à déterminer. Quand il faisait beau, à la belle saison, je ne sentais rien. Mais en période de chaleur extrême, ou de grand froid, quand mon corps frissonnait, mon pied me faisait mal.

Juste avant les brusques variations de température, je pouvais prévoir, d'après mes douleurs, l'arrivée de la saison des pluies chaudes d'été ou des grandes averses d'automne.

Si à Yugashima, mais aussi dans n'importe quelle autre station thermale, je me trempais les pieds, je ne sentais pas du tout la même chose avec le droit qu'avec le gauche. Quand j'allais aux bains publics de Tôkyô, cela ne me faisait aucun effet, c'est pourquoi je pensais qu'il n'y avait pas de meilleur remède que l'eau de source.

En ce moment, ce n'est plus vrai, mais pendant les deux premières années où j'ai eu mal, mes deux pieds n'avaient pas la même température. Le droit était froid. Même maintenant, si j'entre dans un lit froid, mon pied gauche se réchauffe, mais le droit reste glacé. Et si, soudain, je reçois un choc nerveux, avant de ressentir une lassitude morale, j'ai d'abord l'impression que mon physique se dégrade et que mon pied commence à me faire souffrir de façon insidieuse.

À la fin de l'année dernière, désespéré, me sentant physiquement faible et souffrant d'une douleur au pied due au froid, je me suis enfui à Yugashima à cause d'une petite serveuse.

C'est bien à cause de cette jeune fille que je suis allé pour la première fois à Yugashima avec mon mal de pied, et l'hiver suivant, quand je suis revenu, elle aurait pu me demander si j'étais guéri. À l'époque, elle avait quatorze ans.

À ce moment-là, mon pied droit et mon pied gauche avaient la même sensibilité. Je croyais être rétabli.

VIII

« Cet hiver-là, j'ai été l'objet d'une trahison incompréhensible… » Cette phrase se réfère à une jeune serveuse. Un an avant que j'écrive les *Souvenirs de Yugashima*, en automne, j'étais fiancé à une jeune fille de seize ans, mais nous avons rompu notre serment. Je pense aujourd'hui que se marier à vingt-trois ans avec une fille de seize ans eût été, du fait de notre jeunesse, une expérience assez singulière. C'est vrai que j'étais allé à Yugashima ou à Yugawara, à la suite d'une douleur nerveuse ou d'un rhumatisme – je ne sais –, mais des années plus tard, j'ai compris que vouloir guérir ce pied dans les eaux froides de Yugashima ou de Yugawara était une bonne idée.

J'ai écrit à la fin de *La Danseuse d'Izu*, c'est-à-dire à la quarante-troisième page des *Souvenirs de Yugashima* : « La bonne est entrée dans la chambre pour m'apporter un nouveau *yukata*[1]. Cela fait cinq jours que je suis ici. » Il semble donc que j'aie écrit la quarante-troisième page le troisième ou le quatrième jour. Ensuite, suivent une description du paysage de Yugashima et le récit de ma visite au jeune Kiyono à Kyôto :

> Alors que j'écrivais, la bonne est entrée dans la chambre avec un nouveau yukata. Cela fait cinq jours que je suis ici. Elle a ramassé le peignoir que je venais de retirer et m'a demandé : « Dans l'idéogramme du mot "grenouille", à gauche, il y a le caractère du serpent, et à droite, qu'est-ce que c'est ? » Je n'arrivais pas à imaginer pourquoi cette fille avait besoin de savoir ça, mais c'était sans doute parce qu'il n'y avait pas beaucoup de grenouilles dans les rizières et le torrent de Yugashima. Je l'avais appris par les remarques d'un étudiant de l'École supérieure de commerce.
>
> À Yugashima, on ne voit pas la pleine lune. On ne voit pas non plus le soleil du matin ou du soir. Si le ciel est dégagé, on peut, de la route, apercevoir le mont Fuji, du moins le versant nord qui se teinte des couleurs de l'aube et du crépuscule.
>
> Dans la matinée, les sommets alentour sont nimbés de lumière. Lorsque cette aura lumineuse s'étire sur les chaînes avoisinantes, c'est que le soleil est déjà haut dans le ciel. Le soir, ce sont les montagnes, à l'est, qui sont éclairées, et même quand la lumière a disparu, les extrémités des sommets sont encore illuminées. Lorsque je regarde au sud la voûte céleste où s'attardent encore quelques reflets flamboyants, je ne peux m'empêcher de me souvenir de la danseuse.
>
> Cet été-là, le soleil embrasa le ciel sans discontinuer,

1. Léger kimono en coton blanc, avec des motifs bleus.

mais en automne et en hiver, lors de quelques-uns de mes voyages, le ciel était très souvent blanchi par l'eau et Yugashima disparaissait sous la pluie.

C'est après avoir écrit cela que je me suis familiarisé avec l'expression : « Une pluie d'Amagi ».

Alors que je prenais le frais dans le pavillon d'été sur l'île au milieu du torrent, en compagnie d'un étudiant de l'École de commerce, celui-ci leva la tête en l'air et dit :

« C'est sans doute parce que nous sommes au fond de la vallée que nous ne pouvons voir l'immensité du ciel étoilé.

– Mais on voit quand même la lune bouger ! », répondis-je.

À côté de nous, des enfants de Tôkyô faisaient craquer des pétards qui dégageaient une fumée d'encens. C'était à qui obtiendrait le plus gros bouquet d'étincelles.

« Pour bouger, c'est sûr qu'elle bouge !... Mais dire qu'on la voit bouger, c'est un peu bizarre... non ? » reprit-il.

Pour illustrer le sens de ces mots, l'étudiant leva la main et pointa un doigt vers la lune. La trajectoire changeait à peu près tous les trois ou quatre jours. On le voyait bien en venant s'asseoir chaque soir au même endroit et en prenant comme points de repère les branches des arbres ou les sommets des montagnes.

Puis l'étudiant m'expliqua que dans la région il n'y avait ni grenouilles, ni serpents, ni lézards. Il faisait très attention à cela car il avait peur de ces animaux.

Le soir de mon arrivée, alors que du couloir je regardais en bas, une autre bonne que celle qui m'avait fait la réflexion sur l'idéogramme de la grenouille me dit :

« Hé ! Monsieur !... C'est bien vous qui prétendiez qu'il n'y avait plus de libellules à Yugashima. Regardez donc si ça, ce n'en est pas ? »

Je levai la tête et j'en aperçus une qui scintillait sur un gros arbre dont le feuillage s'étalait à profusion devant ma chambre. Il n'y avait presque pas de moustiques parce que l'eau était très pure.

Si j'avais le regard tourné vers le bas lorsque la bonne me montra la libellule du doigt, c'est parce que je regardais avec attention monter du bain la chef de la secte de l'Omotokyô[1], accompagnée de sa fille.

Ayant un jour aperçu Kiyono dans l'oratoire de l'Omotokyô, lors d'une visite que je lui avais rendue à Kyôto, j'ai continué mon texte comme si le fait d'avoir vu la responsable de la secte à Yugashima m'avait rappelé mon ami.

De la page 47 des *Souvenirs de Yugashima* à la page 79, je fais le récit de ma visite au jeune Kiyono. Puis vient la phrase : « J'ai reçu une lettre de Kiyono, mon ancien camarade de chambre au collège : "Quand j'entends au bout du couloir un bruit de pantoufles, je me demande si ce n'est pas toi..." » Je raconte ensuite ma venue à Yugashima avec mon mal au pied, et, plus loin, j'écris à nouveau que j'ai vu la responsable de la secte prendre son bain :

> Au mois de décembre de l'année dernière, alors que depuis sept mois je ne m'étais pas plongé dans l'eau des sources chaudes, j'eus l'impression, en me baignant, de me libérer de ma claudication. J'étais en train d'écrire une lettre tout en écoutant le bruit du torrent, quand soudain j'entendis, venant de l'extérieur, les voix de vingt à trente personnes qui applaudissaient toutes ensemble. Pensant qu'il s'agissait d'une réception ou de quelque discours pour un appel de fonds, j'allai jeter un coup d'œil dans la galerie qui longeait la façade de la maison et je compris qu'il s'agissait de

1. Littéralement : religion de la suprême origine. Religion fondée en 1892 par Deguchi Nao, femme du peuple, qui se croyait possédée de Dieu. Cette idéologie s'opposait aux valeurs traditionnelles de l'éthique populaire.

fidèles de l'Omotokyô qui faisaient leur prière du soir. (Ce qu'ils disaient, je ne m'en souviens plus.) Mais je me rendis compte qu'ils priaient parce que, auparavant, j'étais resté deux nuits dans l'« oratoire » – mais ce n'est pas le mot que les fidèles emploient –, au-delà de Saga, et j'avais observé la vie des adeptes.

Tandis que je restais là, debout dans la galerie attenante à la façade, la bonne installait les matelas. Deux clients et trois ou quatre servantes regardaient en curieux.

Juste en face de la porte d'entrée de l'auberge se trouvait une petite maison d'environ six mètres carrés au toit en tôle ondulée. En décembre, elle était vide. Deux ou trois ans plus tôt, ce n'était qu'une cabane ordinaire utilisée comme annexe quand l'auberge était pleine.

Qui donc avait acheté cette vieille bâtisse pour en faire une résidence juste à côté de l'auberge? En fait, c'était le patron qui l'avait restaurée en hommage au dieu de l'Omotokyô. Il l'avait acquise pour quelques dizaines de yens, et maintenant, elle en valait bien quelques centaines.

La personne assise devant cette maison était, d'après la bonne, la fille de la fondatrice de la secte, et à côté d'elle la petite-fille. Comme j'insistais avec mes questions, un client m'apprit qu'elle était la femme de Deguchi[1], et l'autre sa fille. Je demandai si elles étaient bien des adeptes d'Ayabé. On me répondit que oui. Alors, tout étonné, je ne cessai de les regarder.

Un des clients de l'hôtel m'expliqua que les paroles des prières étaient des citations du Kojiki[2]. Ces prières, je les avais déjà lues à Saga.

1. Il s'agit de la fille de Deguchi Nao qui a épousé Deguchi Wanisaburô, personnalité religieuse ayant été adoptée par la fondatrice.

2. Premières annales historiques du Japon, compilées en 712.

« La fille est plutôt mal élevée, remarqua un client en souriant. Elle essuie sa sueur avec une serviette ! »

Cette fille avait une vingtaine d'années.

Les clients étaient venus à vingt ou trente des villages voisins parce qu'ils avaient entendu dire que la responsable de la secte était là. J'avais en mémoire le souvenir de l'oratoire de Saga et la silhouette de Kiyono, fervent croyant. C'était aussi à cause de Kiyono que j'avais remarqué les articles qui avaient brusquement fleuri dans la presse, lorsque la police avait arrêté les responsables de l'Omotokyô à Ayabé. J'avais imaginé que les membres du Comité central d'Ayabé étaient de très grands personnages. Comment croire que la responsable de la secte, qui de plus est sa Présidente, était une campagnarde qui ressemblait plutôt à la femme d'un marchand de bonbons à quatre sous, et que sa fille était une paysanne grossière, pataude et pas très maligne ? Était-ce possible ? Je ne pouvais m'empêcher de me demander si vraiment c'était elle la chef, et comment elle avait pu venir d'Ayabé dans un endroit pareil.

La mère était une robuste campagnarde au visage épais dont les cheveux fermement nattés ne révélaient aucun souci d'élégance. Quant à la fille, elle avait noué ses cheveux ingrats sur le sommet de son crâne à la façon d'une écolière de la région. Ni la couleur de ses yeux, ni la texture de sa peau, ni les traits de son visage ne recelaient quoi que ce soit de vibrant ou de juvénile, et on ne retenait d'elle que son visage épais aux traits grossiers et son corps sans grâce. Elle n'avait rien de joli.

Avaient-elles hérité de la fondatrice leur allure de montagnarde ? La parenté n'était pas si lointaine. La mère était-elle dieu en personne ? Se rendait-elle compte que c'était à l'inspiratrice de la doctrine qu'elle devait l'importance qu'elle se donnait ?

Je regardai en bas. L'ambiance générale était décontractée. Si les participants avaient été de vrais croyants, tendus vers un but spirituel, s'ils avaient éprouvé une foi profonde, quelque part dans leur aspect physique se seraient manifestés un rayonnement, une élévation, une beauté, une pureté, une sérénité, un immense amour. J'étais sceptique plutôt que déçu. Si c'était vraiment elle la responsable de la secte, mieux valait penser que cette femme aux manières simples vivait une nouvelle religion dépourvue d'esprit liturgique et de soif de sanctification. Avait-elle un esprit divin ? À la regarder, on eût pu douter au premier coup d'œil qu'un dieu l'habitât. Rien ne transparaissait de cette allure complètement détachée des personnes qui sont parvenues au Sublime. Si Kiyono éprouvait du respect pour cette femme et s'il lui avait confié sa vie, quelle misère ! Si elle était dieu en personne, alors Kiyono était encore plus qu'un dieu. J'eus envie de lui écrire une lettre à Saga et de lui enjoindre de changer d'attitude.

Je retournai dans ma chambre et, lorsque je me mis à lire la lettre que j'avais commencée, le bruit des applaudissements et des prières devant l'auberge cessa. À cause de la chaleur, la fille ne pouvait se retenir de s'éponger le front de façon bien vulgaire. Une fois la prière terminée, elle irait certainement se purifier dans l'eau. Je sortis alors avec la ferme intention de m'amuser un peu et me dirigeai vers les bains en souriant et en balançant ma serviette.

À ce moment-là, je doutais encore de ce que m'avait dit la servante, à savoir qu'il s'agissait de la responsable de la secte. Je pensais que si c'était vrai, sa fille l'accompagnerait, sinon, elle n'irait pas aux bains avec cette grosse femme.

À l'auberge, il y a trois bains : un à l'intérieur de l'établissement, un autre à l'extérieur, et un troisième au bord du torrent. La piscine de l'auberge est divisée en trois parties. L'eau chaude jaillit, puis est tiédie avant de déborder par-dessus un panneau de bois qui sépare le bassin en deux. Lorsqu'on sort du vestiaire par-derrière, on voit sur la gauche un petit pavillon au toit de planches en bois blanc. C'est le bain extérieur. De plus, un pont d'un mètre de large et de six mètres de long environ conduit du vestiaire à une île au milieu du torrent. Sur cette île longue et étroite, au fond de la vallée, s'élève un pavillon entouré d'arbres. L'été, les clients y prennent le frais, regardent la cascade, délassent leurs membres fatigués dans les remous de l'eau, font la sieste au soleil, bavardent longuement le soir, font craquer des pétards parfumés et jouent ensemble de petits instruments de musique. Les huit ou neuf clients venus accompagnés de geishas se font apporter du saké. Ils somnolent la moitié du jour, ce qui irrite les autres. Si, à partir de l'île, on longe un peu la rive, on trouve un roc d'un mètre de large environ et de six mètres de long, au milieu duquel s'est creusée une cuvette. L'eau s'y déverse d'une rigole en bambou. En fait, l'eau chaude des sources de montagne sur la rive opposée arrive jusqu'à l'auberge par deux tuyaux en bambou, mais une partie est détournée au niveau de l'île par une troisième rigole jusqu'à la cuvette dans le roc.

Les bains publics se trouvent au sud de l'auberge, et de l'autre côté de la rive, jaillit d'entre les roches une eau qui ne sert pas pour les bains et qui, avant de se déverser dans le torrent, stagne un moment entre les pierres. Juste au nord de l'auberge, il y a d'autres bains qui appartiennent à une résidence.

J'allai donc me baigner à l'intérieur de l'auberge et trouvai là sept à huit hommes ainsi qu'une vieille femme toute ridée. Les hommes qui bavardaient étaient assurément des croyants, mais la femme n'était pas la responsable de la secte. Soudain, je compris qu'il n'y avait là rien d'intéressant, et mon esprit malicieux se calma. Comme si j'avais été abandonné de dieu, je regardai ces hommes alignés dans le bain et n'eus plus envie d'entrer dans l'eau. Me retournant, j'aperçus des ombres humaines qui se mouvaient à la lumière de lanternes et passaient sur le pont pour se rendre sur l'île. Étaient-ce les fidèles qui prenaient le frais ? En tout cas, il y avait comme une silhouette dans le creux de la roche. Je sortis du bain, pensant que je verrais mieux du premier étage. Puis j'installai une chaise dans le couloir et de là me mis à observer les ombres à la clarté des étoiles et à la lumière des lanternes.

Juste sous mes yeux, je pouvais voir le toit en planches des bains à l'extérieur de l'auberge, ainsi que le pont. La lumière restait toujours allumée la nuit dans le pavillon d'été protégé par un rideau d'arbres. L'ombre que faisait l'île m'empêchait de distinguer le creux dans le roc. Je n'apercevais qu'une lanterne accrochée à la porte de la cabane juste devant moi, et une autre fixée sur le côté du pavillon. Un grand nombre d'hommes et de femmes évoluaient et des formes mouvantes passaient le pont. Je ne pouvais discerner nettement les visages, car, en bas, il faisait tout noir. Beaucoup de gens étaient nus.

Des femmes entièrement dévêtues sortaient du bain de la maisonnette au toit de planches et, sous mes yeux, dans la faible lueur, elles agitaient leur serviette puis, enfilant un yukata sans le serrer avec la ceinture, elles se dirigeaient en groupe vers le pont.

Alors que ces femmes aux épaules, à la poitrine et aux hanches opulentes sortaient du bain, un homme en veste de soie, une lanterne à la main, attendait qu'elles aient fini de se vêtir pour les conduire jusqu'à l'île au milieu du torrent.

Je demandai à la servante qui était cet homme et laquelle de ces femmes était la chef, mais elle ne put me répondre. Pourtant, au bout d'un moment, elle dit brusquement :

« Voilà la petite-fille !... C'est elle !... »

Je regardai en bas et je vis un corps sans allure tout juste sorti du bain, qui posait un pied sur un rocher et l'essuyait avec sa serviette. Après avoir mis son yukata, la silhouette se laissa guider par une lanterne que tenait un homme complètement nu.

Normalement, il eût été difficile, même du deuxième étage, de discerner l'âge de ces personnes d'après leur allure. Celle que la servante disait être la petite-fille, pouvait bien être la fille. Ni sa coiffure à la « sumo » ni son maintien n'évoquaient le comportement d'une adolescente, mais la bonne, très sûre d'elle, affirma plusieurs fois que c'était bien la petite-fille de la fondatrice.

Comme je la suivais du regard, la lanterne d'une femme nue tout juste sortie du bain s'éteignit. Elle chercha son chemin à tâtons. Des bandes d'étoffe blanche s'entortillaient autour de ses cuisses auxquelles collait son yukata; elle essaya de les retirer mais, n'y arrivant pas, abandonna. Je poussai un soupir.

Les hommes, empressés de rendre hommage au dieu vivant, déployaient tous leurs efforts pour que leur chef spirituel puisse se baigner et prendre le frais. Comme ils étaient entièrement nus, c'était assurément une vision étrange, bucolique et primitive pour les amateurs de bizarreries.

Un moment après, des ombres en ordre dispersé passèrent le pont de l'île vers l'auberge. Certains étaient restés dans le creux du rocher ou dans le pavillon, d'autres s'attardaient sur le pont ou étaient déjà rentrés. La servante que ce spectacle n'intéressait pas autant que moi finit par se lasser. Je ne bougeai pas du couloir. Les lumières de la petite maison et du pavillon d'été restèrent allumées longtemps après que toute silhouette humaine eut disparu. Ce soir-là, environ quinze croyants, hommes et femmes, passèrent la nuit à l'auberge.

Le lendemain matin, je ne me levai pas de bonne heure comme à Tôkyô. Il était déjà six heures passées quand je me rendis aux bains. Les fidèles arrivèrent les uns après les autres. Je ne vis pas la chef. Je retournai à ma chambre, et, alors que je buvais mon thé du matin que je prenais après le bain, la prière matinale commença dans la petite maison devant l'auberge. À nouveau, j'allai dans le couloir pour regarder. La personne qui m'avait dit la veille que les prières étaient des citations du Kojiki s'activait près d'un appareil photo Kodak placé devant elle. Après la prière, les fidèles retournèrent à l'auberge.

La fille de la fondatrice apparut dans la galerie attenante à la façade de la maison. Elle bascula ses pieds en arrière pour s'asseoir sur ses talons et, prenant appui sur ses grosses cuisses, elle bourra de tabac une petite pipe et s'affaira près du plateau où se trouvait le nécessaire à fumer. Les fidèles qui l'avaient accompagnée depuis Tôkyô ainsi qu'une femme, sans doute la responsable de l'accueil, bavardaient gaiement. Ils étaient tous émerveillés de se trouver devant leur dieu vivant. Quant à la petite-fille, elle était dans sa chambre en train de préparer sa valise.

La responsable de la secte et ses fidèles quittèrent les lieux dans la matinée.

Après le dîner, le fils d'un drapier de Shimbashi vint bavarder dans ma chambre. J'étais allé me promener jusqu'à la tombée du jour et, une fois rentré, j'avais lu un journal où avait paru le premier article d'un de mes amis. Mon interlocuteur articulait du bout des lèvres et prononçait des mots fort polis tout à fait conformes aux règles de la bienséance, faisant figure d'interlude dans cet environnement de rustres totalement illettrés.

D'après ce que me raconta ce jeune homme, je compris que les responsables de la secte n'entraient pas dans les bains à l'intérieur de l'auberge. Ce jeune maître n'étant pas croyant comme Kiyono, sa sympathie pour l'Omotokyô était donc encore plus vague que la mienne.

Dès que les fidèles du village avaient appris que leur chef allait venir à l'auberge des thermes, ils avaient commencé à couper les herbes folles et à arracher les cailloux de la route escarpée qui allait d'Amagi à l'auberge, sur une distance de plus de cinq kilomètres. Ils avaient nettoyé le pont de bois, récuré les bains extérieurs et accroché une pancarte à l'entrée sur laquelle ils avaient écrit : « Baignade interdite ». Moi-même j'avais vu ce panneau mais, ne sachant pas qu'il avait été mis là pour l'arrivée de la prêtresse, j'avais plutôt pensé à une panne. Le soir, avant d'aller accueillir l'héritière de la foi, les fidèles s'étaient assemblés, aussi excités que s'il se fût agit de la venue de dieu en personne. Le jeune fils du drapier raconta qu'ils s'étaient mis en marche avec des lampes de poche comme pour aller contempler un personnage à demi mythique. Brandissant leurs torches, ils avaient entouré la prêtresse et avaient descendu avec elle la route pentue. Après son bain, elle était allée prendre le frais sur le pont. Alors les fidèles l'avaient respectueusement entourée en lui faisant de l'air avec leurs éventails ronds.

De plus, le jeune homme précisa encore que la façon dont cette prêtresse donnait, avec son propre éventail, de petites tapes sur ses pieds étalés sur le plancher de la galerie n'avait rien de l'attitude d'une déesse, et qu'elle avait plutôt l'air d'une vulgaire campagnarde dont il était difficile de mesurer l'ignorance.

Personnellement, je considérais cette adulation non comme une étrange comédie, mais plutôt comme une douloureuse tragédie. Lorsqu'on les voyait de l'extérieur, on pouvait se demander si ces deux femmes étaient réellement douées d'une nature divine et possédaient une quelconque vertu céleste, ou bien si elles n'étaient que deux personnes très ordinaires quant à leur esprit et leur comportement. Représentaient-elles la vraie voie et l'esprit authentique de l'Omotokyô ? Sur ce point, je me posais quelques questions et me demandais, comme le fils du drapier, si ce n'étaient là qu'illusions.

Mais, pour les croyants, c'était bien différent. Le jour où la chef partit, une heure environ après que j'eus fini de déjeuner, la patronne de l'auberge vint me saluer, et je lui demandai poliment qui étaient ces femmes que j'avais vues hier et ce matin. Je n'osais encore y croire, mais d'après la réponse c'étaient, comme on pouvait s'y attendre, la fille et la petite-fille de la fondatrice de la secte. La profonde foi du patron de l'auberge était réputée, même à Ayabé, c'est pourquoi le mari de la responsable de la secte avait conseillé à son épouse de s'arrêter à Yugashima.

La patronne me dit que la veille au soir, ils avaient parlé tous ensemble de choses très intéressantes et, comme j'insistais pour qu'elle me racontât cette conversation, elle me répondit en souriant qu'il s'agissait de faits qu'on ne pouvait absolument pas mettre en doute, puis elle se tut. Quels étaient donc ces faits dont on ne pouvait douter ? J'eus beau la questionner, la patronne se contenta de répondre qu'on ne pouvait pas ne pas y croire, même si on le voulait. Imaginant quelque divin miracle, je lui demandai à plusieurs reprises de m'expliquer, mais de sa bouche, tout ce que je pus bizarrement tirer fut le mot : « Kamijimasama ».

« Pendant quarante jours environ, une des joues de l'époux de la chef gonfla énormément », me raconta la patronne en pressant son visage de sa main droite comme s'il était enflé d'un côté. Une fois la joue redevenue normale, apparut un ulcère purulent qui se déplaçait sur la gencive. La patronne se caressa alors la joue avec sa main droite pour me montrer sans doute l'évolution du mal. Cet abcès s'étant durci, l'époux arracha la chair pour en faire une relique.

Le processus selon lequel la boursouflure des gencives était devenue une sainte relique étant resté pour moi incompréhensible, je posai de petites questions au cours de la conversation, mais ne réussis point à obtenir de réponse satisfaisante. Elle n'avait pas mentionné que c'était, en fait, la dent qui avait été arrachée.

Le Sanctuaire des Saintes Reliques était à peu près synonyme de l'île de l'Immortalité, c'était un endroit comme le Paradis, ou le Rivage des dieux. Comme je ne comprenais pas ce que c'était, je lui posai des questions mais tout ce que je pus obtenir comme réponse, c'est que cela semblait être la terre surnaturelle de l'Omotokyô, dont on ne pouvait connaître l'emplacement mais dont la forme était connue grâce aux écrits et aux révélations divines. Wani Saburô[1] me paraissait un personnage étrange. Il avait lu quelque chose au sujet de l'esprit divin et de ses intentions, mais il ne

1. Nom bouddhique adopté par le mari de la responsable de la secte. *(N.d.T.)*

savait absolument pas où se trouvait ce royaume. Un jour, sans dire à la fille de la fondatrice où il allait, ni comment il s'y rendait, il partit en solitaire. À son retour, il annonça qu'il avait trouvé le Sanctuaire et, pour la première fois, découvert la Sainte Relique, l'être parfait qu'il s'était mis à vénérer.

Je pensai qu'il y avait été conduit en rêve et, lorsque je demandai pourquoi il était incapable d'en montrer le chemin, la patronne me répondit qu'il s'agissait d'un message divin. Ce céleste sanctuaire, était-ce une petite île perdue au milieu de l'océan ou un endroit réputé sur la terre ferme comme Yugashima, par exemple ? Ou n'était-ce qu'une évocation qui avait trait au ciel, comme la « Terre de la Providence », dont parlait Kiyono et dont l'endroit exact restait le secret des dieux ? Ce « Sanctuaire » aussi bien que cette « Terre de la Providence » relevaient du conte de fées.

La police fit son enquête au siège à Ayabé. Il paraît que le dieu avait prédit ce grand malheur : le lieu du culte, au fin fond de Saga, avait été complètement saccagé. J'avais lu cela dans un journal du Kansaï et je m'étais fait beaucoup de souci à la pensée qu'une telle violence avait peut-être blessé et assombri le cœur de Kiyono.

Après m'avoir raconté ces histoires de Paradis, la patronne partit, et j'allai me promener. La vieille grand-mère de l'auberge m'aida à enfiler mes socques en me disant : « Oh !… mais il est juste midi. » Les montagnes et les champs reflétaient la lumière du soleil à son zénith. Deux ou trois jours plus tard, la vieille était encore à la porte et me dit : « Vous alors !… vous êtes vraiment un marcheur !

– Oh, oui !… La chaleur ne m'arrête pas », répondis-je en riant, puis je sortis.

Même à Tôkyô, si je ne fais pas plus de deux kilomètres par jour, je n'arrive pas à me calmer. Moi qui l'hiver me sens si faible, je ne crains en rien la chaleur torride. Aussi, lorsque je vois la lumière envahir les rues dans l'extrême chaleur de midi, je suis saisi d'une envie de marcher et d'exposer mes genoux fluets aux chauds rayons du soleil. Quand j'allais à Osaka pendant les vacances d'été, je marchais presque chaque jour dans le soleil brûlant, le long des rues torrides.

Je ne sais pas pourquoi j'aime ainsi parcourir les routes de montagne et les chemins à travers champs où il n'y a rien à voir. Je reviens à Yugashima chaque été et chaque hiver. Le matin, je parcours environ vingt kilomètres sur la route d'Amagi ; à midi, je me repose à Yugano ; et le soir, je rentre à Yugashima.

Naturellement, je tirais une grande fierté d'aller au-delà d'Amagi et d'en revenir dans la journée. Je marchais beaucoup. C'était un plaisir pour le jeune homme que j'étais.

Quand je me réfère aux *Souvenirs de Yugashima*, je sens là le souffle juvénile d'un garçon de vingt-quatre ans. Si je me suis étendu si longuement sur le bain de la chef de la secte de l'Omotokyô, c'est sans doute parce que je suis très curieux de nature, ou parce que j'étais très heureux d'être à Yugashima, ou bien encore parce que Kiyono venait d'adhérer à l'Omotokyô.

À cause de mon ami, j'étais envoûté par la fille et la petite-fille de la fondatrice et victime d'une illusion, ou bien était-ce moi qui avais échafaudé ce rêve ?

IX

Dans les *Souvenirs de Yugashima*, on peut lire le passage suivant :

Je ne suis pas un disciple de l'Omotokyô, mais cette religion ne m'est pas indifférente pour autant. Le père du jeune garçon que j'ai aimé, en était l'un des plus fervents disciples. Je me rappelle son lieu de retraite au cœur de Saga. Ces souvenirs sont pour moi lourds de signification.

Parmi les souvenirs que j'ai écrits sur Saga, certaines des phrases montrent que j'éprouvais une sorte de sympathie pour l'Omotokyô.

Au mois d'août, il y a deux ans, en plein midi, par une chaleur suffocante, je descendis du train à Arashima et pénétrai dans Saga. Celui que j'allais voir aux sources situées au cœur de Saga, c'était le camarade de chambre dont j'avais été le chef de chambrée, alors que j'étais en cinquième année de collège et lui en deuxième année. Cet été-là, il avait quitté l'école et s'était retiré dans la montagne.

L'année précédente, en été, j'avais voulu lui rendre visite à Saga, mais ne l'avais pas rencontré car il se trouvait alors à Hamadéra pour participer aux championnats de natation; je l'avais attendu en faisant la sieste jusqu'au déclin du jour, puis j'étais rentré sans l'avoir vu.

Donc, lorsque je revis mon ancien camarade, c'était en juillet, alors que, élève de quatrième année, il avait été nommé chef de chambrée et que je m'étais rendu à l'internat du collège où j'avais séjourné dans sa chambre.

L'été dernier, il avait encore une maison à Saga où, près des sources, il pratiquait sa religion, sans pour autant s'être retiré du monde. Je croyais que lorsqu'il parlait des « sources où j'habite cette année », il voulait dire qu'elles se trouvaient au cœur du hameau. Or, la maison de Kiyono était accolée au hall d'accueil des fidèles et au temple de l'Omotokyô et elle était éloignée de toute habitation; cela m'étonna beaucoup et me troubla en même temps.

Mon ancien camarade de chambre vint m'accueillir à l'entrée. Il avait les cheveux longs et portait un *hakama*[1] de couleur sombre. Là-bas, tous les hommes avaient les cheveux longs. Noués à la hauteur du cou, ils pendaient dans le dos.

En venant à ma rencontre, Kiyono souriait d'un air un peu chagrin. Il croyait que j'allais rester une semaine, peut-être un mois. Mais l'humeur à la fois sérieuse et sereine des fidèles ainsi que l'atmosphère de sainteté de ce lieu sacré étaient autant de facteurs qui rendaient improbables les siestes que j'aimais faire les jambes allongées.

Une trentaine de fidèles environ, dont la plupart étaient des jeunes de vingt ans, semblaient plutôt désireux de rester silencieux dans le calme, et lorsqu'ils ouvraient la bouche, c'était vraisemblablement pour ne parler que de religion en termes pondérés. Plongés dans une profonde solitude, ils marchaient tête baissée, pâles comme des poitrinaires ou des névrosés. Peut-être était-ce dû à la mauvaise digestion d'un de ces frustes repas végétariens que je n'arrivais pas à avaler. Je ne pouvais supporter ces regards purs et brillants et, en voyant les fidèles se laisser fouetter par l'eau des cascades, se livrer à des pratiques ascétiques, et mener une vie contre nature en pleine montagne, je doutais de leur religion.

Mon matelas avait été installé au premier étage de la résidence de Kiyono. On me fit manger au pensionnat des fidèles en bas de la côte. Une vingtaine de jeunes étaient alignés devant des tables basses et, après avoir frappé avec recueillement dans leurs mains, ils s'emparèrent de leurs baguettes les yeux fermés. Un jeune homme à l'air sombre me servit mon repas avec une extrême politesse.

Parmi les quatre ou cinq croyantes, se trouvaient quelques jeunes personnes. Les dix-sept ou dix-huit jolies jeunes filles que l'on disait de riches familles

1. Longue jupe-culotte à pli portée aussi bien par les hommes que par les femmes.

d'Osaka travaillaient assidûment et avec un total dévouement à la préparation des repas, à la lessive et à l'ennuyeux entretien des kimonos d'homme. Je les voyais du premier étage balayer le jardin avec un balai trop grand pour elles et trouvais ce spectacle étrange. Elles dormaient dans la maison de Kiyono.

Garçons et filles, tout le monde travaillait. Moi seul, au premier étage, parcourais distraitement un livre religieux de l'Omotokyô.

Lorsque, le matin, je me réveillais, il n'y avait plus âme qui vive. Ils étaient tous allés faire leur prière matinale dans le sanctuaire de la communauté en haut de la montagne. Je pouvais entendre de mon lit le chœur de leurs voix mélodieuses.

Quant aux frères et sœurs de Kiyono, ils n'étaient plus que trois dans ce lieu de retraite, sa sœur aînée et sa sœur cadette s'étant mariées.

Un tout jeune croyant, camarade de collège de Kiyono, qui n'était venu que pour assister à un requiem, se trouvait là en même temps que moi. Il m'indiqua un enfant de douze à treize ans, en fait, le frère cadet de Kiyono, et prétendit ne pas savoir si c'était une fille ou un garçon. Je lui répondis qu'assurément c'était une fille. Son air dubitatif me rendit perplexe. Il sourit en me disant que c'était un garçon. Ce qui paraissait l'exciter beaucoup dans cette discussion, c'était que, naturellement, tout le monde pensait que c'était une fille. Alors, se redressant, il prit l'enfant à bras-le-corps à la manière des sumos, révélant brusquement ce qui pouvait être considéré comme la preuve la plus élémentaire. J'étais à la fois totalement surpris et très en colère après lui. L'enfant, furieux, réajusta son kimono et se mit à battre l'adolescent. On ne vit plus alors en ce petit garçon qu'une fillette capricieuse et déterminée, non pas qu'il eût voulu imiter une fille, mais il avait plutôt les manières naturelles d'une fillette qui ne se contrôle plus. Son allure, ses façons d'être, d'agir et de parler, sa voix n'avaient rien de masculin. De plus, ses cheveux coupés au carré lui arrivaient juste à la hauteur des épaules, comme ceux d'une petite fille de Tôkyô de douze ou treize ans. Du reste, dans le dialecte du Kansaï, il n'y a pas de différence de langage et d'intonation entre les hommes et les femmes, comme il en existe dans la langue de Tôkyô. On ne pouvait donc pas savoir si cet enfant était ou non un garçon.

Je ressentis une violente émotion. Je retrouvais dans ce petit frère de Kiyono la silhouette juvénile de mon camarade de chambre.

X

Cette phrase : « Je retrouvais dans ce petit frère la silhouette juvénile de mon camarade de chambre », se poursuit ainsi :

> Dire de Kiyono qu'il avait le tempérament d'une fille risquerait de l'offenser un peu, en plus, ce serait sans doute inexact. Mon ancien camarade de chambre, qui avait une féminité cachée,…

Puis le récit continue. Dans les *Souvenirs de Yugashima*, deux émotions sont décrites en même temps : celle de mon arrivée à Yugashima et celle de ma fuite à Tôkyô. Ce rythme, on le perçoit jusque dans mes pensées, et je crois que tout ce que j'ai écrit concernant Kiyono est infiniment plus révélateur que dans *La Danseuse d'Izu*. On y trouve de nombreux jugements spontanés que j'évoque aujourd'hui, à l'âge de cinquante ans, mais je peux dire qu'à vingt-quatre ans, je ne les formulais pas ainsi. Après avoir vécu plus de la moitié de mon existence, je peux affirmer que les *Souvenirs de Yugashima*, c'est bien le genre d'œuvre qu'on écrit lorsqu'on a accompli le premier quart de sa vie.

Je ne plaisante pas quand je parle de « l'émotion ressentie alors que je m'échappais de Tôkyô ». Si je relis tous mes textes de l'époque où j'avais vingt-trois ou vingt-quatre ans, je suis épouvanté par la cruauté de la vie que j'ai eu alors à affronter, et je n'arrive pas à croire que, la même année, j'ai pu écrire ce *Journal* et les *Souvenirs de Yugashima*.

Dire de Kiyono qu'il avait le tempérament d'une fille risquerait de l'offenser un peu, en plus ce serait sans doute inexact. Mon ancien camarade de chambre, qui avait une féminité cachée, se trouvait confiné dans une paisible famille sans ouverture sur le monde extérieur et sans occasion de contacts avec son environnement, et il avait grandi jusqu'à l'âge de seize ans comme dans un brouillard. Moi qui étais en cinquième année de collège, j'en étais fort surpris. Il y avait une grande part de féminité non seulement dans son cœur, mais également dans ses actes.

Par exemple, il repliait et rangeait soigneusement dans ma valise mes kimonos éparpillés. Ou, lorsqu'il apercevait sur mes vêtements une couture défaite ou un accroc, il s'asseyait aussitôt et maniait l'aiguille avec la dextérité d'une fille.

J'ai essayé de rassembler tous ces souvenirs. Ce jeune frère perdu au fin fond de Saga, avec son crâne rasé de lycéen, avait l'air d'un petit bonze, et il était impossible de dire qu'il n'avait pas des manières efféminées. Quant à son père, dès le premier coup d'œil, on voyait qu'il était un croyant strict, un homme à l'allure sévère, et aussi un pratiquant intransigeant dont on avait peine à soutenir le regard. Sa mère était une gentille et douce personne sans aucune trace de bizarrerie. Alors, pourquoi les trois garçons étaient-ils ainsi ? Dans l'atmosphère de cette retraite de Saga, deux ans auparavant, j'avais déjà deviné en partie les causes de cette féminité, qui devait venir de l'atmosphère religieuse dans laquelle vivait le père depuis son enfance.

J'avais l'impression qu'il y avait là quelque secret bien gardé, ce dont je me réjouissais pour le jeune Kiyono. Dès sa naissance, il avait été destiné à la religion.

Quand je quittai le collège et qu'il dut se séparer de moi, il se sentit perdu; il n'avait plus personne à qui s'ouvrir. Il m'idolâtrait et s'appuyait entièrement sur moi, ce qui, finalement, me souciait beaucoup. Troublé, vacillant, son cœur blessé se tourna progressivement vers dieu. Chaque fois que je relisais ses lettres où il me parlait de ses états d'âme, je me demandais s'il n'allait pas entrer en religion. D'après moi, cet enfant était très malheureux car il lui manquait cette faculté de l'esprit qui consiste à douter. Lorsqu'il était en deuxième année de collège, il croyait naïvement au même dieu que son père, et il me confondait avec ce dieu. Lorsque je partis pour Tôkyô, cette image divisée se déchira en deux. L'une des moitiés disparut, et son cœur en fut brisé. Mais celle du dieu qui lui restait, étant donné son importance, l'aida à combler ce vide. Croire à l'Omotokyô, religion de son père, était pour cet enfant aussi naturel que le flux de l'eau.

Quand nous étions au collège, l'Omotokyô n'avait pas encore trouvé beaucoup d'écho dans l'opinion publique. Je me souvenais du terme : « Kôdôômoto ». Lorsque, pour la première fois, je me rendis à Saga et demandai le chemin de la maison de Kiyono, on eût dit qu'elle était célèbre. Tout le monde la connaissait et pouvait citer le nom du grand maître de la glorieuse religion. Avant d'y aller moi-même, j'ignorais qu'à l'emplacement des sources, se trouvait un lieu de culte et que le père de Kiyono était, parmi les fidèles, quelqu'un de si important.

Au premier étage de la résidence, je trouvai des livres de prêche, de prières et d'interprétation religieuse, je pensais qu'ils étaient très superficiels et infantiles, mais capables d'entraîner des gens simples.

Je n'échangeai pas une parole avec les fidèles, et la mère de Kiyono ne me parla pas de religion. Seuls les camarades de collège de Kiyono m'obligèrent à écouter leurs discours sans grand intérêt. En particulier, ils évoquèrent la pratique de la purification de l'âme. Kiyono était à côté de moi et souriait en disant : « Écoute bien. » J'avais beau me forcer, je n'y arrivais pas. Se livrer à la séance de purification de l'âme, sans accepter l'influence des officiants et en résistant à l'esprit de dieu, voilà qui mettait à l'épreuve le pouvoir de la raison. Comme il fallait s'y attendre, je me sentis mal. Il semblait que personne ne refusait de croire en dieu après que son âme eut été béatifiée. De plus, selon l'interprétation de Kiyono, si le pouvoir de ma raison était dominant, c'était que j'avais une âme perverse que mon mauvais caractère rendait encore plus tenace.

Tout homme est habité par l'esprit du Mal. La pratique de la purification de l'âme consistait à chasser le mauvais esprit pour que l'âme soit pure et juste. Le vice une fois repoussé, l'âme devenait divine. On retrouvait alors la bonne disposition primitive de l'homme. C'était cela le retour de l'âme à la qualité divine. La méthode pour y parvenir était la suivante : on s'asseyait par terre face à l'exorciste qui, lui, avait une âme juste. Il prononçait à haute voix le nom du dieu de l'origine universelle. On répétait après lui. Du reste, on ne pouvait s'empêcher d'entonner avec lui, car sa force spirituelle vous subjuguait. L'exorciste perdait le contrôle de son corps et il s'instaurait une sorte de dialogue entre le Bien et le Mal. Aux questions posées par l'officiant au sujet du nom, de l'adresse, des bons et mauvais penchants de l'exorcisé, celui-ci devait répondre comme s'il était le mauvais esprit. Par exemple, si le père de Kiyono demandait : « Quel est ton nom ? », je citais le nom étrange d'un mauvais esprit dont je n'avais jamais entendu parler jusqu'alors, et si on me demandait ce que j'aimais, j'étais censé répondre quelque chose comme : « La friture à l'huile. » Le mauvais esprit était alors chassé par la puissance du dieu juste. On lui ordonnait de quitter le corps humain en l'exhortant : « Retourne là d'où tu viens ! » Cette pratique ne relevait pas de l'hypnose, parce que l'exorcisé ne tombait pas dans un état hypnotique. Tout en restant conscient, on ne pouvait s'empêcher d'obéir aux ordres de l'exorciste. Même après la séance, on se souvenait très bien de l'état dans lequel on se trouvait.

Le mauvais esprit qui habitait le camarade de Kiyono était un blaireau doué d'une puissance divine, et je crois que celui qui m'habitait était l'esprit d'un renard vindicatif.

Kiyono, à force d'ascèse, en était arrivé à pouvoir reconnaître le mauvais esprit dont on était possédé, mais il n'était pas encore capable de pratiquer l'exorcisme.

Si je m'étais laissé exorciser, j'aurais connu l'esprit malfaisant qui me tourmentait. L'officiant doué d'un pouvoir divin m'aurait obligé à prendre conscience de ma nature originelle et de la puissance du dieu protecteur. C'eût été le premier pas vers le rejet du démon. Grâce à l'aide de dieu et à la graine de bonne volonté nouvellement plantée en moi, j'aurais pu harceler le Mal et poursuivre le combat jusqu'à la victoire finale. C'est alors que je serais devenu un vrai disciple de l'Omotokyô. Voilà quel devait être le premier pas vers l'ascèse.

En attendant de franchir ce pas, de nombreuses personnes pâles et mélancoliques se regroupaient dans la montagne et, sous la conduite du père de Kiyono, luttaient sans relâche pour affermir leur foi. Elles essayaient d'atteindre ce parfait état d'âme qui leur permettrait de chasser le mauvais esprit. Cela ressemblait un peu à l'éveil subit du zen.

Je me sentais déprimé à la vue de ces silhouettes mélancoliques et ne cherchais pas à savoir si c'était bien à Saga que ces pratiquants arriveraient à atteindre l'objectif de leur ascèse. Je regardais Kiyono et le trouvais bien naïf. Tous les membres de sa famille avaient un visage calme et rayonnant, comme si une joie paisible les habitait. Lorsque j'écoutais Kiyono parler de sa foi et des miracles de l'Omotokyô, j'avais l'impression d'entendre un enfant me raconter un conte de fées. Si un mur s'effondrait sans qu'il soit blessé, ou si j'étais venu lui rendre visite au cœur de Saga, cela relevait du miracle.

Nous parlions beaucoup et on me montra ce qu'était le « Riz de la Terre ». C'était un riz qu'une volonté divine, plutôt que la nature, avait fait pousser dans l'univers, au pays secret des âmes, et que l'on pouvait connaître grâce au message divin transmis à Ayabé ou quelque part dans la montagne. Il lui avait été donné une couleur de boue séchée et il était formé de grains gros comme des noisettes. Il y en avait plein une énorme boîte en papier, si bien alignés qu'il semblait étrange que, disposés dans un ordre encore plus parfait que s'ils avaient été rangés mécaniquement, ils aient été un don céleste.

Si le Japon venait à être entraîné dans un désastre, ou frappé d'une effroyable famine, et qu'il n'y ait plus de riz, seuls les disciples de l'Omotokyô pourraient survivre en mangeant deux ou trois grains par jour de ce riz divin. Dans un temps de détresse, dieu se glisserait parmi les hommes et ne retiendrait que ceux qui croient en lui. Il ne sauverait du désastre que les fidèles de l'Omotokyô. Alors naîtrait un nouveau Japon resplendissant dont le peuple ne serait composé que de croyants. Et on assisterait au salut du monde.

J'essayai d'avaler quatre à cinq grains de ce riz. Ils étaient ronds comme des pilules et avaient vraiment un goût de terre. Moi qui n'étais pas croyant, je commençais à avoir faim et me demandais si le temps du désastre national n'était pas arrivé.

Le matin du troisième jour, je dis adieu au jeune Kiyono qui avait fini de réciter sa prière matinale et m'enfuis de ces montagnes. Étranger à cette religion, il m'était difficile de rester là, et l'ambiance de l'Omotokyô m'étouffait. Je me disais que lorsque je rendrais visite la prochaine fois à Kiyono, je n'irais pas jusqu'à la cascade dans la montagne, je le ferais venir à l'auberge au bord du torrent qui coule au fond de la vallée. On ne pouvait bavarder à son aise dans la salle de prière, et il était difficile de lui faire faire un retour sur lui-même, et de nous rappeler là-bas l'époque où nous étions ensemble au collège. Je n'étais pas très intéressé par l'Omotokyô, mais j'aurais aimé connaître l'état d'âme d'un jeune croyant. J'enviais son cœur de fidèle au pouvoir purificateur. Si l'Omotokyô avait été une religion mensongère, j'aurais dû essayer d'arracher Kiyono à cette illusion, mais cela semblait difficile, et on ne pouvait pas dire *a priori* que cela était absolument nécessaire.

Ce n'est pas pour adoucir la douloureuse peine de son cœur que Kiyono avait été amené à rechercher dieu, ni à la suite d'une première révolte, qu'il s'était agenouillé devant lui. La religion à laquelle croyait son père s'était naturellement glissée en lui. Sur la route de l'ascèse, il n'était en proie ni à l'égarement du doute, ni à la tentation de mauvaises pensées. Il ne pouvait que suivre dans le rayonnement une voie droite et claire. C'était plutôt un croyant qui n'avait pas besoin d'ascèse. Pour atteindre le sommet de la spiritualité, il n'avait pas à passer par les épreuves de la foi, et, par son engagement, il pouvait se maintenir, immaculé, au niveau spirituel où il avait été placé dès sa naissance.

Quand je l'écoutais parler de son dieu, je ne ressentais ni révolte, ni résistance ou soubresaut de mon esprit logique. C'était exactement comme si je m'étais trouvé en face d'un dément qui croyait en des choses qu'on ne pouvait trouver qu'absurdes, mais qui ne suscitaient, contrairement à ce qu'on aurait pu attendre, aucun désir d'opposition. Tout ce que cela provoquait en moi, c'était un léger sourire d'amusement mêlé d'un peu d'étonnement. L'élan de sa foi pure et sans détour me guidait jusqu'à lui, et j'étais alors étrangement envahi, non par l'objet de sa croyance, mais par son esprit même de croyant.

À la vue du jeune Kiyono fouetté par l'eau de la cascade, je reçus comme une révélation, et j'ouvris de grands yeux stupéfaits.

Les fidèles avaient pour règle de ne pas se baigner dans l'eau chaude. Ils ne faisaient leurs ablutions que dans le torrent ou la cascade qui se déversait à l'ombre des arbres. J'avais apporté mon appareil photo Kodak, mais ne pus l'utiliser car il faisait trop sombre, bien qu'on fût en été. Il tombait une énorme quantité d'eau d'une hauteur de presque sept mètres. Dès mon arrivée, Kiyono m'y avait conduit, à cause de la chaleur, m'avait-il dit. Un bonnet de bain en caoutchouc recouvrait ses longs cheveux.

Si les adeptes de l'Omotokyô se laissaient pousser les cheveux, c'était parce qu'ils croyaient que le dieu du bien pénétrait par là en eux. Le dieu du Mal, lui, entrait par les espaces entre les doigts. C'est pourquoi il m'avait appris la façon de les croiser pour l'empêcher d'entrer.

Rien qu'en approchant de la cascade, je sentis ma peau se glacer. Lorsque, assis à l'ombre des arbres, j'en écoutai le bruit, j'eus le souffle coupé. L'écho amplifié et puissant des voix en prière se répercutait sur le bruit de l'eau. Le jeune garçon était auréolé de lumière. Assis gravement sur un rocher, il fermait les yeux, noyé dans les flots de la cascade. Il priait en chantant de toutes ses forces et en croisant sur sa poitrine ses mains qu'il jetait parfois en avant. C'était sa façon de chasser les mauvais esprits qui s'étaient glissés en lui par ses doigts.

J'étais fasciné par le halo de lumière qui l'auréolait. Ce n'était qu'un cercle d'écume blanche et laiteuse que projetait le long de son corps l'eau ruisselante de la cascade. Il était immobile, magnifique, dans sa totale concentration d'esprit. Son visage trempé était empreint d'une douce et sereine plénitude, l'image de la paix et du ravissement.

On ne se rendait compte ni de la dureté de son ascèse, ni de ses souffrances physiques, ni de la fermeté de sa décision d'éviter toute déviation, ni de la joie qu'il devait ressentir d'avoir atteint un si haut niveau spirituel. Son état s'apparentait à celui de l'innocence primitive des dieux. Pour la première fois de ma vie, je fus irradié par une lumière céleste surgie subitement sous mes yeux, et ma peau se glaça. Je finis par réagir et cherchai à m'élever l'esprit.

Kiyono ne s'était-il pas, depuis longtemps abandonné à moi ? Mais sa grandeur d'âme qui se reflétait sur son visage et dans ses attitudes, auréolée de la lumière diffuse de l'écume de la cascade, n'avait aucun point commun avec un personnage tel que moi. Frappé de stupeur, j'éprouvai aussitôt une sorte de jalousie.

Après avoir quitté la cascade, il se dirigea vers moi, souriant, comme s'il ne pensait plus à l'eau qui l'avait fouetté. On eût dit que c'était une personne différente de celle que je venais d'observer. Je ne retournai jamais plus à cet endroit, bien qu'il m'y eût invité.

Lorsque le moment de mon départ arriva, Kiyono m'accompagna jusqu'à l'angle d'un rocher presque aussi grand qu'une petite colline. Il resta assis là, et me regarda longtemps descendre dans la vallée.

XI

La partie relatant mes souvenirs du jeune Kiyono dans les *Souvenirs de Yugashima* n'a pas été arrangée comme je l'ai fait pour *La Danseuse d'Izu* qui, dans sa forme primitive, avait la consistance d'un roman.

C'était une décision que j'avais prise autrefois, et faire maintenant de ce récit non structuré un roman me semble artificiel. Pourtant, j'aimerais faire revivre *L'Adolescent* en utilisant autant que possible le texte original des *Souvenirs de Yugashima*.

J'ai rassemblé ici les passages datant de l'époque où j'étais à l'université, ainsi que les lettres constituées par mes rédactions de lycée et mon journal de collège. J'y ai ajouté quelques réflexions faites à l'âge de cinquante ans.

Le récit de la visite à Saga se termine par la phrase : « Il resta assis là et me regarda longtemps descendre dans la vallée. »

Le sens de ma présence dans la vie de Kiyono fut une affaire d'influence. J'en parle dans un style hésitant et capricieux. Après y avoir réfléchi, j'ai choisi en premier lieu un passage concernant la foi de Kiyono en son dieu :

> Au mois d'avril de ma cinquième année de collège, je me rendis compte que Kiyono croyait en un dieu que je ne connaissais pas. Il venait d'arriver à l'internat.
>
> J'avais la fièvre et je somnolais. Un peu après deux heures de l'après-midi, je m'éveillai, étourdi par un sommeil léger et fiévreux. J'entendis alors Kiyono qui répétait en chantant des mots que je ne comprenais pas. Ce bruit m'empêchait presque de dormir. J'ouvris légèrement les yeux. Kiyono était assis tout près de mon visage, avec un autre camarade de chambre. Je me rendis compte qu'ils étaient en train de me veiller. Je fermai aussitôt les yeux, et ni l'un ni l'autre ne s'aperçut que j'étais conscient.
>
> « Riri… shasha… riri… shasha… riri… shasha… riri… shasha[1] », voilà tout ce que j'entendais. Je pen-

1. Invocation des reliques de Bouddha, considérées comme Bouddha lui-même.

sais que c'était une sorte d'incantation curative. Kiyono prenant cela très au sérieux, l'autre camarade n'osait pas rire.

Tout à coup, au moment où il changea la serviette humide que j'avais sur le front, j'ouvris les yeux tout en restant parfaitement immobile. Conscient d'avoir entendu une étrange prière, j'eus l'impression de l'avoir gêné, comme si j'avais percé son secret.

Le lendemain, ni lui ni moi ne parlâmes de cette prière. Je la trouvais un peu étrange, mais la ferveur de Kiyono, sa parfaite droiture et le souci qu'il s'était fait pour ma guérison lui avaient attiré ma sympathie. Je me hasardai à lui demander ce que voulait dire : « Riri… shasha… ». Sans avoir l'air gêné ou pris au dépourvu, il me lança en riant que c'était une prière destinée à me guérir, adressée à un dieu que je ne connaissais pas.

Petit à petit, il se mit à me parler de son dieu. Ce qu'il me raconta alors n'avait aucun sens et pas le moindre contenu valable. Niant l'existence de dieu, je le contrecarrai. Ni son dieu, ni sa religion n'étaient clairs. Je ne désirais pas vraiment combattre ce dieu, car je n'étais ni athée, ni doué d'esprit de contradiction. Lorsque j'insistais, Kiyono n'arrivait pas bien à me répondre. Il s'enfuyait alors chez lui, en me demandant d'essayer de venir discuter avec son père.

Mais Kiyono avait du mal à accepter que je ne croie pas au dieu auquel il croyait lui-même. Cela lui semblait anormal. À ce moment-là, il ne s'était pas encore rapproché de moi, mais c'est alors qu'il finit par se rendre. Selon lui, j'étais quelqu'un que dieu avait placé sur son chemin. Il pensait que l'unique voie à suivre pour un homme supérieur était de croire en dieu et d'œuvrer pour lui. D'après Kiyono, j'étais un homme né pour ce dieu. Il allait même jusqu'à dire : « Tu es un homme que dieu a désigné. Tu dois accomplir pour lui une immense tâche. Tu n'en es pas encore conscient, mais à la longue, viendra le temps où tu comprendras. » Il disait que j'avais été élu par dieu.

Cette façon de parler n'était ni ironique, ni perverse. C'était le fait d'un cœur d'enfant sincère, d'une foi simple et directe, d'une manifestation à la fois d'amour et de respect. Je finissais par me demander s'il ne m'avait pas hissé au même niveau que son dieu.

Ce n'est qu'après mon arrivée à Tôkyô que je compris vraiment que Kiyono était un adepte de l'Omotokyô.

Quand je vins lui rendre visite au fin fond de Saga, Kiyono semblait très calme et non disposé à me prendre pour une divinité. Je pense que loin de moi, il s'était rapproché de dieu, mais il croyait que viendrait le jour où je marcherais sous le commandement divin. On avait l'impression qu'il attendait tranquillement cette échéance. Finalement, tout comme au temps où il égrenait ses « Riri… shasha… », il devait prier le ciel pour la conversion de mon âme. Venant d'un être tel que lui, ses prières étaient assurément exaucées par son dieu.

Cela dit, bien qu'aujourd'hui je ne croie pas à l'Omotokyô, s'il existait un monde répondant à ses prédictions, ce serait bien grâce aux prières de Kiyono que mon corps pourrait y vivre en paix sous la protection divine.

Bien entendu, dans ces écrits, se mêle une pointe d'humour. Tout en laissant courir ma plume, je me suis amusé à glisser quelques plaisanteries.

Si je me suis trouvé à Yugashima en même temps que la grande prêtresse de l'Omotokyô et de sa fille, ce fut tout à fait par hasard. Mais n'était-ce pas là une sorte de prédestination ? Les prières que Kiyono faisait alors qu'il était fouetté par l'eau de la cascade n'avaient-elles pas eu un effet miraculeux ? J'avais pris l'habitude de venir souvent dans cette auberge, et tous les membres de la famille qui la tenait étaient devenus d'ardents fidèles de l'Omotokyô.

XII

Assis sur un gros rocher, au cœur de Saga, il me regarda longtemps descendre dans la vallée. Depuis ce jour, je n'ai plus revu Kiyono. C'était en 1921, l'année de mes vingt-deux ans, il y a juste trente ans. J'ai vécu avec lui comme camarade de chambre entre le printemps 1916 et le printemps 1917.

J'ai déjà cité le journal du 14 décembre 1916, et celui du 21 janvier 1917. Je présente ici d'autres passages de cette période où apparaît le nom de Kiyono.

> Hier, après avoir préparé mon lit, je me suis endormi sans mot dire.
>
> Soudain éveillé dans le noir, j'ai pris le bras de Kiyono. J'ai senti couler en moi, de sa peau douce et tiède, une chaleur qui m'a envahi tout le côté gauche.
>
> Kiyono dormait, son bras enlacé au mien. Cela s'est répété pendant dix jours, juste avant de m'endormir et au moment de me réveiller.

Cette habitude a commencé environ dix jours avant le 23 novembre. Dans le récit du 18 septembre, le nom de Kiyono n'apparaît pas. Mais comme c'est le premier jour où j'ai tenu ce journal, j'en ai recopié le texte ici.

> 18 septembre 1917. Temps couvert.
>
> Je suis déjà réveillé, mais comme la sonnerie ne s'est pas encore fait entendre, je reste au lit. C'est l'envie d'uriner qui me fait lever. Koïzumi descend l'escalier en pyjama pour aller sonner la cloche du réveil. Je l'accompagne et vais prendre une douche froide.
>
> On aperçoit la lune blanche juste au-dessus de nos têtes. À 7 heures 40, nous allons en classe.
>
> Je manque régulièrement le cours de gymnastique, et m'allonge sur le tatami en lisant les *Contes de France*.

Ce matin, je me suis senti tout triste en allant en classe et me suis demandé ce que l'école pouvait bien m'apporter. Mes jours s'écoulent comme si j'étais complètement étranger à tout ce qu'on m'apprend. J'ai traîné ainsi pendant cinq ans, et j'arrive bientôt à la fin de mon cycle scolaire. Tout en sachant pertinemment que je vais quitter ce genre de vie, je me maintiens grâce au compromis que j'ai réussi à faire entre ma misérable angoisse et mon aspiration à une vie paisible. J'ai dépensé de l'argent et du temps, et je me suis donné du mal pour suivre une route qui m'est personnelle. J'ai acquis la capacité de me contrôler et de me dominer un peu mieux.

Mais je vais être sous peu libéré de cette vie.

Je suis inquiet et me demande si le découragement, le désespoir, que j'ai ressenti tout au long de ma vie d'écolier, va finir par cesser.

Ah!... je ne pense qu'à m'abandonner au destin qui m'est réservé.

Que la nuit étoilée est belle.

La Voie lactée a envahi le ciel nocturne.

De la fenêtre de ma chambre obscure où j'ai éteint la lumière, j'essaye de reconnaître les étoiles scintillantes.

Le temps passe
Je perçois nettement
le bruit du temps qui passe.
C'est bien ce bruit-là,
c'est bien ce bruit-là.
Tayama Kataï

Le 23 novembre 1917. Temps clair.

Les garçons qui m'entourent me semblent détestables. C'est comme si leurs yeux brillaient de mépris. Je sens monter en moi la révolte et me dis : « Attends donc un peu... », puis je sombre dans un silence mélancolique. Je suis honteux à la pensée que tout cela vient de mon cœur tyrannisé et envieux. Quand je rencontre une personne simple et directe, j'ai pitié de moi-même. Moi qui suis si méchant et envieux, je ne pourrai plus retrouver une âme d'adolescent.

Pourquoi donc mes camarades de chambre en qui j'ai eu confiance et que j'ai aimés me sont-ils devenus à ce point indifférents ?

Hier soir, je me suis couché sans leur adresser un seul mot.

Je me suis éveillé dans l'obscurité et j'ai pris le bras chaud de Kiyono. J'ai senti sa chaleur pénétrer mon bras gauche. Kiyono semblait ne se rendre compte de rien et dormait avec mon bras gauche contre lui.

Voilà dix jours que cela se répète, quand nous nous endormons et lorsque nous nous réveillons.

Kiyono ne pense qu'à réchauffer mes mains glacées, c'est tout.

Juste au moment où il allait prendre son petit déjeuner, il y a eu un coup de téléphone pour lui. Sa grand-mère était morte, il devait rejoindre sa famille.

Je suis retourné dans ma chambre. Avec Koïzumi, nous avons fixé à la fenêtre un vieux drapeau usagé, emblème national, qu'il avait reçu dans un petit paquet.

J'ai commandé un *haori*[1], et suis allé me promener.

Koïzumi est rentré chez lui.

Je considère mes camarades de chambre avec une certaine bienveillance.

Me sentant un peu agité, je pars me promener à Senriyama.

Dernièrement, l'externe Y. m'a fait part d'une rumeur selon laquelle l'hôpital où se trouvait la jeune fille que je voulais aller voir avait fermé ses portes. Aujourd'hui, c'est jour de congé. Il est midi, et tout le monde rentre chez soi.

J'ai la tête lourde. Je m'étends sur la pelouse, baigné par la douce lumière du soleil.

Je retourne à ma chambre, et j'essaye de lire *La Victoire de la mort*[2]. Puis j'ouvre le livre intitulé *Renou-*

1. Ample veste que l'on met sur le kimono.
2. *Shinoshôri*.

veau mais, le trouvant sans intérêt, je l'abandonne. Comme S. est arrivé, je sors. Je suis passé à la librairie T. J'ai réglé mes dettes, mais n'arrive pas très bien à m'habituer à cet endroit.

N., un élève de première année, se trouvait là. J'ai longuement regardé ce jeune garçon. Il est si beau que j'ai envie de me lacérer le corps et de pleurer. Bientôt, il sera adolescent et sa beauté disparaîtra. Moi aussi, je le quitterai. Penser que je vais devoir m'éloigner de cette ville alors que j'ai devant moi tant de beauté me désespère. Je n'aurai plus aucun contact avec la beauté. Je me souviendrai toujours de N., mais, moi, que serai-je pour lui ? Beaucoup de jolies filles doivent le trouver charmant. Aujourd'hui, si quelque chose peut m'attirer vers la mort, c'est la laideur triste.

Le soir, je me suis couché sans aller à la représentation et me suis endormi. Kiyono n'est pas rentré. Koïzumi a dormi à côté de moi. Je lui ai pris la main comme je prends celle de Kiyono.

Vendredi 24 novembre 1916. Temps couvert.

Après m'en être abstenu pendant deux ou trois jours, j'ai fini par prendre une douche.

Le temps est toujours incertain.

Je lis *Les Vivants et les Morts* de Shiratori.

J'ai dépensé sept yens à la poste, puis suis allé chez Maki payer le haori que j'ai commandé.

Alors que je flânais sur le chemin du retour en compagnie de H., je suis passé chez Adachi, le marchand de bonbons. Sugiyama était là avec Koïzumi.

J'ai rangé mes livres. Je n'arrive pas à me calmer. Jusqu'à hier, je n'ai cessé de regarder N., élève de première année, et maintenant, voilà que mon regard se porte sur M., un autre élève de première année.

Hier après-midi, à l'exposition organisée dans la salle de lecture de l'internat, j'ai découvert de fort belles joues. Ce sont celles d'un externe appelé M. C'est la première fois que je vois des joues aussi vivantes. Ses grands yeux aux sourcils épais sont tout entourés de rose. C'est la trace enfantine que l'on décèle en lui qui le rend si charmant.

En ville, j'ai aperçu une jeune fille assez jolie. Elle n'était pas très élégante, car elle avait un enfant dans les bras. Elle portait des lunettes. (J'ai entendu dire que la fille du médecin en portait également, c'est pourquoi j'ai remarqué celles de cette jeune femme.)

Mais, finalement, à quoi sert le peu de beauté qu'il m'est donné de voir ? Quel effet cela me fait-il ? Pourquoi suis-je aussi envieux ? Dans la revue *Nouvelle vague*, j'ai lu une critique du livre *Le Martyr*[1]. En lisant l'histoire d'Akagi Kôhei, j'avais envie de rester vierge jusqu'à ce que je rencontre celle qui deviendra ma femme.

Samedi 25 novembre 1916. Il pleut.

Hier soir, Kiyono est rentré.

Les sentiments que j'éprouve à l'égard de mes camarades de chambre sont fragiles. Je me demande si le temps du grand amour n'est pas déjà passé. Je ne connais plus de jeune garçon que j'aie envie d'aimer comme un frère et dont je voudrais être l'unique amour. De même que mon intérêt pour eux s'amoindrit, leur intérêt pour moi s'amenuise et cela me rend triste. J'ai envie qu'ils pensent à moi.

J'ai lu le livre de Tayama Kataï, *Seul dans ma thébaïde, à la montagne*[2].

Je ne sais pourquoi, mais comme je n'arrive pas à rester tranquille dans ma chambre à lire un livre, je suis parti me promener. Malgré cela, je suis toujours agité. Alors, j'ai demandé à Kataoka de m'accompagner chez le coiffeur.

Vers midi, la pluie s'est mise à tomber et a laissé de grandes flaques sur la route.

Chez le coiffeur, j'ai emprunté une serviette et du

1. *Junansha*, roman écrit en 1916 par Ema Shû, né en 1889.
2. *Sansô ni hitori ite*.

savon et me suis précipité avec Nakazawa au bain public le plus proche. Nous avons fini par revenir à trois.

En sortant de l'école, Shirakawa a ôté sa casquette avec un beau sourire et a salué. Nous nous sommes regardés, puis arrêtés. Je me suis demandé qui pouvait bien être l'objet de ses politesses.

Shirakawa est le plus beau garçon de l'école et le mieux considéré. Il est d'un an plus jeune que nous, et extrêmement sérieux. Avant, je ne cessais de penser à lui, mais comme j'avais remarqué deux ou trois boutons sur son visage, je trouvais sa beauté ravagée et m'étais mis à l'oublier. Jamais jusqu'à ce jour je n'ai été autant frappé par ce garçon comblé par la nature.

Le soir, j'ai un peu lu *La Victoire de la mort* dans la version de Nagaé.

Je vais essayer de relire *Renouveau*, l'essai de Kakéda.

J'entends le son tremblant de la flûte.

Le bruit de la pluie s'est arrêté, mais dehors il fait nuit, et les contours de la petite bibliothèque se reflètent nettement sur la vitre.

Dimanche 26 novembre 1916. Il pleut.

Comme je serais triste si je devais m'endormir sans le contact de bras, de lèvres et d'une poitrine chaude.

Kiyono a l'air encore bien naïf.

« Tout ce à quoi je pense, je te le dirai, me dit-il brusquement.

– Tu en es certain, tu en es certain ? lui ai-je demandé avec insistance.

– Bien sûr ! Si je pensais à quelque chose et si je ne te le disais pas, cela me tourmenterait. »

Kiyono est ainsi, très obstiné, mais sincère.

« Je te donne mon corps, fais-en ce que tu veux : tue-moi, ramène-moi à la vie, mange-moi, cajole-moi… comme tu veux. »

Voilà ce qu'il m'a dit hier soir, calmement.

Il m'a serré le bras très fort en disant :

« Maintenant, je te serre mais quand on se réveillera, on devra se séparer ! »

Il était absolument adorable.

Quand je me réveille la nuit, je vois, flou devant mes yeux, son visage un peu naïf. Pourquoi suis-je incapable d'aimer ce qui est dépourvu de beauté physique ?

L'atmosphère moite, chaude, et la pluie d'hier soir ont pénétré l'internat qui est devenu tout humide.

Revenu de la douche froide, je remarque une désagréable odeur qui vient, naturellement, de Sugiyama. Pour Koïzumi qui a son lit juste à côté, c'est bien ennuyeux.

Pourquoi mon attention se disperse-t-elle ainsi ? Je suis incapable de rester tranquille, ne serait-ce qu'une minute, et n'arrive pas à me concentrer pour écrire ou lire plus de dix pages. Même en écrivant ce journal, je souffre d'une affreuse migraine. Je secoue furieusement la tête, en la cognant de mes mains comme un fou. Je vais me promener en ville, mais quand je me retrouve devant mon bureau, je ne peux rien faire. J'en arrive à penser que je vais sombrer dans la folie.

Après avoir laissé de côté plusieurs volumes, j'ai parcouru deux ou trois livrets d'opéra de l'école des filles de Takarazuka.

L'après-midi, je suis sorti avec H. et suis revenu coiffé de ma casquette que j'avais portée à réparer hier.

La pluie tombée dimanche a trempé le sol jusqu'au seuil de la porte qu'il est maintenant difficile d'ouvrir ou de fermer.

Je lis *La Deuxième Génération*[1] de Murakami Takitarô.

Il est difficile de supporter les premiers jours de printemps. Je secoue désespérément ma tête douloureuse en me demandant ce que je peux faire.

Je ne sais pas pourquoi, mais quand je lis la descrip-

1. *Nidaïme*.

tion d'une opération ou d'une blessure, j'ai l'impression de devenir fou. Ce sont des passages qui me marquent profondément. Par exemple, le moment où Osanaï se coupe le doigt dans *Un bain de lettres*[1], ou bien ce qui arrive à Kyôka, est toujours présent à mon esprit.

Quelle serait ma frayeur si j'étais moi-même témoin de telles choses ?

Les étoiles brillent depuis deux ou trois jours. Cela annonce du beau temps pour demain.

Ce soir, j'aime profondément Kiyono. Ce matin, lorsque je me suis réveillé, j'ai senti les secousses d'un fort tremblement de terre.

Lundi 27 novembre 1916. Temps nuageux.

J'ai rangé dans le tiroir de mon bureau ce journal dont j'ai écrit une dizaine de pages. Mes camarades de chambre sont au courant. Pour ceux qui me connaissent bien, je n'y vois pas d'inconvénient. N'empêche qu'ils sont devenus bien curieux, et je me demande s'ils n'essaieront pas d'ouvrir ce tiroir avec quelque mauvaise intention. J'ai confiance en deux de mes camarades de chambre, Kiyono et Koïzumi, mais Sugiyama ? Ne va-t-il pas faire une drôle de tête ? Quand j'y pense, j'en ai froid dans le dos. Je dois faire quelque chose.

Quand je me lève et que j'ouvre la fenêtre, j'aperçois curieusement de minuscules et fines particules de brouillard matinal collées à ma main.

En deuxième heure, il y a un examen de morale. Les élèves doivent rédiger une rédaction sur un problème donné avec la permission d'utiliser leur manuel. « En ce qui me concerne… », j'ai écrit un texte plutôt long en exposant exclusivement mes opinions personnelles. Je n'ai pas très habilement lié les faits entre eux, et ne suis pas arrivé à trouver les mots justes. Enfermé dans mes contradictions, je n'ai pu traiter le sujet à fond. Mais, heureusement, je suis quand même allé jusqu'au

1. *Tegami Furô*.

bout de mon raisonnement. Pourtant, ce qui m'inquiète, c'est que si le professeur Saïto ne trouve dans ma copie aucun principe de morale classique, il va la considérer comme nulle et non avenue.

À trois heures et demie, je suis allé rapidement chez Sawada, l'horloger. Oppressé par un violent désir incontrôlé, j'étais ensorcelé par un violent désir incontrôlé, j'étais ensorcelé par la vision d'une montre en argent ornée d'un délicat motif gravé, et très excité à l'idée de pouvoir passer la main sur ce métal lisse et agréable.

Mais elle n'existait pas en petit format comme je l'avais imaginée, et je m'en suis fait montrer une grande en argent. Je n'ai pas pu lutter contre mon désir de luxe, et j'ai choisi la plus chère, selon ma mauvaise habitude. Voilà quelle est ma vraie nature ! En plus, allait avec cette montre une chaîne ornée d'une médaille.

Suivant le plan que j'avais imaginé au départ, j'ai remis au patron mon livret d'épargne et mon sceau, et lui ai demandé de bien vouloir aller retirer l'argent pour moi. J'ai renouvelé ma demande trois ou quatre fois, mais il a fait comme s'il ne m'entendait pas. J'y suis donc allé moi-même à contrecœur. Depuis début novembre, j'ai déjà retiré trois yens, puis sept, et aujourd'hui quatorze yens et vingt sens. L'employé de la poste m'a regardé d'un air sévère et je me suis senti honteux.

Je suis sorti du magasin au moment où on y allumait l'électricité. J'ai fait un grand détour par la digue en regardant avec ravissement ma montre à la dérobée. En descendant la côte, j'ai rencontré Oguchi et, à la hâte, j'ai caché la médaille et la chaîne.

Le soir, le drapier m'a apporté mon haori ; à cette veste aussi, j'avais beaucoup pensé. Mon pyjama, mon haori, ma montre en argent – voilà quels sont les symboles d'un enfant dans l'abandon – représentent quinze yens de mes économies. Je sens mes larmes prêtes à couler. Après la mort de mon père, l'héritage en argent dont il m'est permis de disposer librement s'élève à cinquante yens placés en bons du Trésor. C'est cet argent-là que j'ai utilisé.

Vendredi 1er décembre. Beau temps.

Je suis en train de rédiger le « Journal d'un étudiant » que l'on doit remettre à l'école. Je n'ai donc pas le temps d'écrire celui-ci en détail.

D'après le calendrier, c'est le premier jour de l'hiver.

Ma montre n'étant plus du tout à l'heure, j'ai dû l'arrêter et la porter en hâte chez l'horloger pour la lui rendre. Comme le patron était absent, je l'ai laissée à la boutique. Je voulais l'échanger contre une autre du même modèle, mais il n'y en avait pas. S'il n'y en a plus, je devrai attendre que celle-ci soit réparée. Mais, plus tard, à l'occasion, je trouverai bien quelque prétexte pour aller à Osaka en acheter une encore plus chère et qui me plaira davantage.

Je suis devenu vraiment amoureux de Kiyono. Lorsque je lui demande : « Veux-tu m'épouser ? », il me répond : « Mais, bien sûr ! »

Samedi 2 décembre 1916. Il pleut.

Je n'avais pas du tout révisé mon examen de grammaire anglaise, mais je crois l'avoir bien réussi. Après être repassé à l'internat, je suis allé chez l'horloger auquel je ne cessais de penser. Il n'a pas encore reçu de réponse du coursier envoyé à Osaka.

Je me suis rendu aux bains publics. Il y a peu de gens qui aiment se baigner autant que moi. Après, je suis entré dans un restaurant qui sert de la soupe aux nouilles. J'ai avalé un bol de soupe à la viande et du bœuf bouilli. Un jeune garçon malpropre est arrivé dans la salle. Je lui ai adressé la parole et il s'est senti mieux. Avec la main, j'ai pris quelques nouilles et un peu de viande que j'ai disposés sur le couvercle du bol. Il a tout dévoré. Il faisait pitié. J'ai demandé à la patronne d'où il venait, mais elle n'en savait rien.

Je suis rentré en lisant sous mon parapluie la revue *Bungei Zasshi*, arrivée de Tôkyô, et la revue *Nouvelle vague*, que je suis allé acheter à la librairie Kishimoto.

Sugiyama est retourné chez lui. Il ne reste plus que Kiyono, Koïzumi et moi-même. L'atmosphère est très douce. Je n'arrive pas à sympathiser avec Sugiyama, sans doute à cause de sa mauvaise haleine dont j'ai déjà parlé. Kiyono... Koïzumi... j'aimerais ne partager ma chambre qu'avec des jeunes gens pour lesquels je brûlerais d'amour.

Je dois me presser de rédiger le « Journal d'un étudiant », mais ce soir nous avons voulu bavarder de choses et d'autres autour du brasero. Koïzumi était là aussi. Oguchi est arrivé en disant qu'il avait quelque chose à me demander, et il m'a montré une lettre. Elle venait de Kawauchi, le fils d'un bonze originaire du même village que lui. J'ai prêté à ce jeune homme un nombre assez important de livres par l'intermédiaire d'Oguchi, et je sais qu'il n'est pas très content de devoir se résigner à prendre la succession de son père au temple, tout dévoué qu'il est à la littérature.

Hier, quand Oguchi a reçu cette lettre, les camarades K. et M. en ont fait toute une histoire, et comme M. a écrit pendant le cours une réponse à la place d'Oguchi, j'ai pensé qu'il s'agissait peut-être d'une lettre de femme, et j'ai attendu qu'il me la montrât lui-même. Lorsque j'ai vu qu'il s'agissait d'un garçon, j'ai été peu déçu.

Alors, j'ai essayé de la lire. Le jeune Kawauchi disait qu'il n'avait pu s'empêcher de répondre à la lettre d'Oguchi en contemplant, une nuit d'automne, le visage endormi de sa petite sœur si pure et encore ignorante du sexe opposé. « J'accepte avec plaisir, avait-il écrit, que tu aimes ma sœur cadette, toi, un ami, comme pas deux, du moment que c'est d'un amour pur, d'un amour pour une petite sœur que tu considères comme telle. Je crains que d'habitude ce genre de sentiments ne soit accompagné de sombres appétits, mais je te fais confiance du fond du cœur. Si tu l'aimes honnêtement, je ne serai pas assez stupide pour te le reprocher. »

Ainsi, ce qu'Oguchi voulait me demander, c'était de bien vouloir prêter à Kawauchi le livre *Le Martyr*, qu'il avait promis de lui envoyer. J'accédai à sa demande à contrecœur.

À l'amour d'Oguchi se mêle sans doute une grande part de curiosité. Cette petite sœur, quel genre d'enfant est-ce ? J'aimerais la voir. Finalement, j'envie le courage d'Oguchi. C'est quelqu'un de très décidé. Comment va-t-il assumer la responsabilité de cet amour, après s'en être ouvert au frère aîné ? La lettre a été vue et lue par de nombreux amis et la réponse a été écrite par un tiers. C'est bien triste pour Kawauchi et sa sœur qui sont certainement des personnes honnêtes. Quant à Kawauchi, dans quelle mesure a-t-il confiance en Oguchi ? Celui-ci respecte-t-il la jeune sœur ? À quel genre d'amour songe-t-il ? Le moins qu'on puisse dire, c'est qu'il n'y est pour rien.

Quand aurai-je le courage d'annoncer en public mon amour pour quelqu'un ? Je ne pense pas qu'une telle chose puisse arriver, et cela me rend triste. J'espère que l'amour d'Oguchi ne se concrétisera pas, car j'en suis jaloux.

Cette nuit, j'ai Kiyono à ma droite et Koïzumi à ma gauche. Je dors en leur tenant le bras.

Dimanche 3 décembre 1916. Temps clair.

Obsédé par l'histoire de ma montre, je n'arrive pas à me calmer. Après le petit déjeuner, je suis allé avec mon livret d'épargne et mon bon de commande du *Tsurezuregusa* à la librairie Toratani.

Comme il était encore très tôt, ils n'avaient pas reçu le livre. Je dois repasser le prendre.

En ville, le brouillard se dissipait en traînées, et il commençait à faire clair. La porte de l'horloger était fermée, ce qui m'a mis en colère. J'ai donc décidé d'aller me promener jusqu'à ce qu'il ouvre. J'ai pris une route à travers champs, en direction du village de

T. Il n'y avait personne. Je n'ai croisé que de nombreux camions chargés de patates en provenance de Kawachi.

J'ai marché en respirant à pleins poumons. J'éprouvais une joie profonde. Je me sentais tout ragaillardi. Je pensais sérieusement que j'allais entrer au lycée supérieur auquel, du reste, j'ai adressé une lettre pour demander les modalités d'inscription. Moi qui depuis longtemps déjà ai choisi d'intégrer la section littéraire de l'université de Mita ou de Waseda, tout à coup, je ne pense plus qu'au lycée supérieur n° 1 qui permet d'entrer à l'université de Tôkyô. Depuis hier, je suis pris d'un amour subit pour ce lycée de Kôryô.

Après une promenade d'une trentaine de minutes, je suis passé chez l'horloger Sawada. J'ai attendu un moment que le patron se lève. Il m'a dit qu'à Osaka, il n'y avait pas de montre du même modèle que la mienne, et il m'a rendu celle que j'avais déposée.

Je suis allé à la librairie Hori et j'ai acheté avec de l'argent liquide *La Mort d'Ivan Ilitch* de Tolstoï. Il ne me reste plus qu'une vingtaine de sens.

Je rédige le « Journal d'un élève ».

Cet après-midi, comme ni la grande, ni la petite aiguille de ma montre ne marquaient l'heure exacte, je les ai tordues en voulant les régler. Je n'ai pas osé retourner chez Sawada, et suis allé la déposer à l'horlogerie Ishii.

S. m'ayant invité, nous sommes allés manger du canard aux épices et des galettes de riz, et nous nous sommes baignés.

Demain, c'est l'examen de géométrie. J'ai un peu étudié dans la bibliothèque après l'extinction des feux puis je suis allé parler avec N. dans le bureau jusqu'à onze heures.

Mercredi 6 décembre 1916. Temps clair.

Ce matin, je suis allé poster une lettre adressée à M. Kakéda qui m'a apporté les *Contes* de Guy de Maupassant.

On nous a permis de consulter notre manuel, parce que l'examen de géométrie était très difficile.

Je me suis bien appliqué en algèbre et j'ai écouté sagement le cours de langue japonaise. J'ai aussi été très sérieux en cours d'histoire.

Je pense à mon entrée au lycée. Dans la salle de classe, on a trouvé douze vers intestinaux. On soupçonne mes camarades de chambre qui doivent faire examiner leurs selles.

Je me prépare à aller me baigner. Je dois faire un peu d'exercice pour mieux travailler.

Dans les bains, il y a des gens que je connais, des jeunes, mais pas de femmes alentour. Je peux voir l'image de mon corps dans la glace.

Beauté du corps, beauté du corps... beauté du visage, beauté du visage... Je suis un fervent de la beauté. Mon corps est blafard et fluet. Je n'ai pas un visage jeune, et mes yeux jaunes et ternes sont terriblement injectés de sang.

Je suis allé à la librairie Toratani pour prendre le *Nouveau Commentaire du Tsurezuregusa*[1] de MM. Aoki et Sano, puis j'ai filé après avoir annoncé au patron que j'avais passé une commande au surveillant de l'internat.

J'ai déjà dit que j'avais emprunté la revue *Nouvelle vague*, ainsi que le *Tsurezuregusa*. Que doit-on penser de moi dans ce magasin avec toutes mes commandes ?

Je suis allé à la bibliothèque Momosé et j'ai emprunté *Le Double Suicide d'Imado* de Yôryô ainsi que *Le Maître de Haïkaï* de Kyoshi.

Le soir, j'ai étudié la première et la deuxième leçon du volume IV du livre de textes, et j'ai fait de l'algèbre.

Sugiyama, lui aussi, est resté éveillé pour étudier.

Jeudi 7 décembre 1916. Beau temps.

Hier soir, j'ai pensé sérieusement que je devais faire

1. *Tsurezuregusa Shinyaku.*

en sorte que mes camarades de chambre m'aiment davantage, afin que je sois plus présent dans leur cœur, et qu'eux soient plus chéris dans le mien.

Ce matin encore, je n'ai pu m'empêcher de passer avec amour mes doigts sur les dents, les lèvres, les bras et la poitrine de Kiyono. Cet adolescent, décidément, me permet tout.

J'ai à nouveau reçu une carte d'Ubukata Toshio, écrite à la hâte au stylo, pour m'informer que de sept à quatre heures de l'après-midi aura lieu au temple Kôtsu à Osaka, dans le salon des pruniers, la réunion de l'Amicale de la revue *Bungeï Shunju*. Il aimerait bien que j'y assiste. Je suis si content ! Pendant l'heure de Kambun [1], je suis sorti de la classe pour aller dans la salle des professeurs avec la ferme intention de m'y rendre vêtu de mon haori aux manches doublées de coton et muni de l'argent que j'aurais retiré à la poste, afin de demander au professeur Inada la permission de rentrer chez moi pour une affaire de famille, mais j'ai réfléchi.

Quel âge ai-je donc pour aller discuter avec les membres de cette assemblée ? Quel est le niveau de mes connaissances et, plus important encore, quelle allure, quel visage ai-je à présenter ? Je me suis dit alors que j'enverrais plutôt un télégramme de félicitations, mais, comme je n'ai pas d'argent, j'attendrai qu'Ubukata soit de retour à Tôkyô pour lui adresser une lettre. Trois heures plus tard j'avais déjà tout oublié.

Une heure après la séance d'éducation physique, le camarade U. du premier groupe m'a interpellé : « Hé ! Dis donc, toi… Les élèves, garçons et filles, se réunissent à l'occasion de la parution de la revue *Bungeï Shunju*. Veux-tu être des nôtres ! – Avec plaisir », ai-je répondu.

Je suis de plus en plus excité à l'idée d'entrer au lycée. La lune miroite comme de l'eau.

1. Lecture de textes classiques chinois dans l'ordre syntaxique japonais.

(Le journal du 14 décembre 1916, ayant déjà été mentionné, je ne le reproduis pas ici.)

Samedi 23 décembre 1916. Beau temps.

Retour au village.

Une longue période de vacances approche et je me sens triste d'être orphelin.

Comme l'année nouvelle arrive et que, jusqu'au 7, nous ne pourrons plus nous revoir, hier soir, nous sommes restés ensemble avec mes camarades de chambre. Chacun avait apporté un peu de nourriture et nous avons pique-niqué.

Pendant le cours d'anglais, le professeur Kurasaki nous a annoncé nos résultats du deuxième trimestre : j'ai 90 en traduction, et 91 en conversation, un ou deux points de moins que mon camarade U. Le groupe B est plus fort.

On nous a convoqués à une séance d'exercices militaires sous les ordres du professeur Sugimoto. Cela fait pitié de voir un professeur aussi ignorant des pratiques militaires.

Après déjeuner, nous avons assisté à la cérémonie de fin des cours.

Ensuite, je suis retourné à l'internat, sans assister à l'allocution d'un élève de l'École navale, ancien de notre collège, et j'ai rangé mes vêtements et mes dictionnaires.

Koïzumi a pris le train de deux heures.

J'aurais pu le prendre aussi, mais j'ai traînassé.

Attristé par tous ces départs, j'ai décidé de m'en aller avec la fournée du lendemain. Je portais mon haori aux manches doublées et ma montre cloisonnée. En chemin, j'ai attendu Kataoka et quand nous sommes arrivés à la gare, nous avons retrouvé de nombreux étudiants partis avant nous. Je suis monté dans le train avec mes trois balluchons. Très ému, j'avais l'impression que nous allions continuer ensemble jusqu'aux confins d'un lointain pays.

Je suis descendu à la station suivante ; mon pousse-pousse a filé à travers la vaste plaine teintée du jaune ocre d'un ciel d'Occident, dépassant des collégiens à pied. Arrivé chez mon oncle, je suis entré dans la maison, me suis approché du brasero, ai montré ma montre et mon haori. On m'a donné les cinq sens qui me manquaient pour payer le pousse-pousse.

N'ayant pas encore reçu de réponse au sujet de mon entrée au lycée, je n'en ai pas trop parlé. Ce sera de toute façon, pour moi, une victoire silencieuse. N'ayant pas grand-chose à dire à mes cousins, mon admission n'étant pas acquise, je n'ai rien dit.

Comme je ne savais pas quoi faire de mes dix doigts, je me suis mis à défaire ma valise et à ranger mes affaires. Comme d'habitude lorsque j'arrive pour les congés scolaires, je suis allé saluer l'aïeule, malade, allongée sur les six tatamis de la pièce du fond. Elle m'a énuméré tous les reproches que me fait chaque membre de la famille. Bien que ces révélations soient insupportables, je ne peux me résoudre à les ignorer. À l'heure qu'il est, j'aimerais tant recevoir la réponse à ma lettre, mais pour cela, la grand-mère ne peut m'être d'aucun secours. Ses propos se limitent à la nouvelle du décès d'un certain Tanéyoshi, ou aux cancans du village.

Même le soir, nous n'avons pas parlé de mon entrée au lycée.

Lorsque nous nous sommes couchés, j'ai demandé à mon cousin des nouvelles du sous-lieutenant H. qui, cette année, a raté son examen d'entrée à l'Académie militaire de l'armée de terre, et a été promu sous-lieutenant. Je n'en ai pas appris davantage, si ce n'est qu'il risque sans doute de finir ses jours avec le même grade.

Le 29 décembre 1916. Temps clair. Dégel.

Cette nuit, je n'ai pas du tout dormi.

Depuis hier matin, très tôt, les fermiers transportent des sacs de paille de riz.

Ma tante est couchée avec une migraine.

La grand-mère, allongée dans la pièce du fond, m'a

appelé et donné un yen pour aller au village acheter de la pommade pour les engelures, du papier-toilette, des petits pâtés de campagne et des pâtés aux graines de pivoine. Je lui ai promis d'y aller aujourd'hui en rentrant de l'école.

Après avoir fini d'écrire mon journal, j'ai fait semblant d'aller aux toilettes et me suis glissé dans la chambre où était couchée ma tante pour lui faire un massage du cou. J'y ai mis une certaine force et elle m'a beaucoup remercié, car elle en a éprouvé un immense soulagement.

J'ai un peu avancé dans la lecture du *Tsurezuregusa*.

Ce matin, je suis allé à vélo à la banque du village. Tout le monde est inquiet à la maison, parce que mon petit cousin qui devait faire l'aller et retour à Osaka dans la journée n'est pas encore rentré.

Bousculé par la grand-mère, j'ai avalé mon déjeuner à la hâte, emprunté un yen et cinquante sens à l'aîné de mes cousins pour l'achat de dictionnaires, puis j'ai enfilé mon haori et suis sorti.

Je suis gêné par la neige fondue en boue sur la route, mais dans les champs elle est restée gelée.

À la gare, j'ai rencontré Kakeda. Il devait aller voir les résultats à l'école, acheter des revues et, au retour, passer par Osaka. Le bruit court que toutes les revues vont sortir un numéro spécial pour la nouvelle année.

Comme Kakeda s'est vanté d'être allé à Tôkyô, il a été solennellement blâmé par son conseil de famille. Il dit qu'il se sent perdu et ne sait plus quelle route suivre. Il m'a aussi raconté que Kiyomizu avait reçu un prix de cinq cents yens pour un roman qu'il a écrit avec beaucoup de courage.

« Si Kiyomizu et toi vous venez avec moi, à trois, nous pourrions aller trouver la famille. »

À l'école, tout était calme.

J'ai fait le tour des chambres vides et suis allé voir mes résultats. Je suis huitième avec la note de 75. En quatrième année, j'étais dixième, et au premier trimestre de la cinquième année, dix-huitième. J'ai donc remonté.

Je me sens humilié quand je pense à ces garçons minables au visage imbécile, assis les uns derrière les autres et qui se moquent pas mal des résultats scolaires. J'avais l'air si bête au deuxième trimestre au second rang. Après avoir été premier à l'examen d'entrée, mes notes n'ont cessé de baisser, et cela m'attriste, bien que je sache que je ne suis pas n'importe qui. Mais cela, les autres ne l'ont pas encore compris. C'est pourquoi je m'entête à vouloir passer l'examen d'entrée au lycée. Je suis très tendu à l'idée que je puisse ne pas être reçu.

Dans le train, j'ai expliqué à Kakeda que si je désirais tellement entrer au lycée, c'était parce que je voulais me venger des élèves et des professeurs qui me considéraient comme un être physiquement et intellectuellement inférieur.

Je suis étonné que H., dans le groupe B, soit troisième avec 76, alors que M., avec le même nombre de points, n'est que sixième. Oguchi a baissé tout d'un coup. Si j'examine mes résultats en détail, je comprends les principales raisons de mes insuffisances : j'ai été absent au premier examen de physique, matière dans laquelle je ne suis pas mauvais, et j'ai raté le deuxième examen que j'avais préparé deux jours de suite jusqu'à minuit. Et puis, j'ai négligé le « Journal d'un étudiant » et pris à la légère le cours de Kambun. Mes notes ont été insuffisantes, alors que j'aurais pu avoir deux ou trois points en plus. J'ai pris également les résultats de mes camarades de chambre.

Je suis passé à l'internat pour chercher mon sceau et mon livret d'épargne et suis allé à la poste. Au guichet, il y avait une jeune fille que je n'avais encore jamais vue. Était-ce la femme de K. ? Une ravissante jeune femme. K. était là aussi avec son visage blême.

Je suis allé à la librairie Toratani. J'ai pris le premier tome de chacun des livres de Fujimori : *Réflexions sur la géométrie et son interprétation*[1], également

1. *Kikagaku Kangaekata to tokikata.*

Réflexions sur l'algèbre et son interprétation[1], et aussi le livre de Kiyomizu *Use of life*[2], ainsi que le numéro du nouvel an de *Chûô Koron*. J'ai payé avec l'argent de mon cousin, plus celui de la poste.

Après avoir quitté Kakeda, je suis retourné à l'internat, j'ai emballé à la hâte mon kimono doublé, puis je suis allé à la gare où j'ai raté le train de deux heures. J'ai acheté des timbres et des cartes postales.

Je suis passé chez le marchand de meubles qui était venu lors de la vente de notre maison.

Tout en marchant, j'ai lu *Soupirs de poupée*[3] de Tanizaki.

Dans ce journal du 29 décembre, je n'arrive pas bien à me souvenir, à cinquante ans, s'il s'agit de mes résultats de quatrième ou de cinquième année de collège.

Dans le collège que je fréquentais nous étions classés en trois groupes, A, B, et C, selon nos résultats aux examens. Cela voulait dire que si j'étais huitième du groupe B, il y avait quand même avant moi tous les bons élèves du groupe A qui avaient de meilleures notes. Moi qui avais été reçu premier à l'examen d'entrée, je me trouvais au début dans le groupe A, et, à un certain moment, je suis descendu dans le groupe B. En fait, être huitième du groupe B, c'était être un peu au-dessus de la moyenne de tous les groupes réunis.

Au lycée, ce fut la même chose. Mes résultats à l'examen d'entrée n'ont pas été mauvais, mais petit à petit, je suis redescendu.

1. *Daisû Kangaekata to tokikata.*
2. *À quoi sert la vie?*
3. *Ningyô no nageki.*

XIII

Le journal de 1917 commence le 9 janvier. Je suis passé rapidement du 9 au 16. Puis, le 22, je me suis arrêté.

Mardi 9 janvier 1917. Beau temps.

Tous les élèves de l'internat doivent sortir pour les exercices d'hiver d'arts martiaux. I. vient très tôt nous réveiller. Koïzumi et Sugiyama sont présents, mais Kiyono est absent. Dehors, il fait encore noir.

Le poêle de la chambre s'est éteint, et quand je sors du lit, je grelotte. Lorsque la sonnerie du salut matinal retentit, j'y vais. L'eau des lavabos est gelée.

J'ai prêté à Kataoka la brochure du lycée.

Lorsque nous sommes arrivés en classe, nos places avaient été changées.

Pendant le cours de dessin, j'ai dit à S. que, si je réussissais à entrer à l'Université impériale après le lycée, je m'inscrirais en section littéraire. Depuis quelque temps, je sens que mon talent d'écrivain se développe de plus en plus, et c'est manifestement là que se porte mon intérêt. Je n'ai aucunement l'intention de poser ma plume, et cela ne m'arrivera certainement pas. Mais tout cela semble bien loin.

De retour à l'internat, j'ai fait de l'algèbre et étudié le *Tsurezuregusa*.

Aujourd'hui, au cours de gymnastique, le professeur Sugimoto nous a parlé de l'« après-diplôme ». Il y avait dans son intonation une sorte de chaleureuse intimité. Quant à moi, je me sentais plein de gratitude et entièrement dépourvu de mauvaises intentions. Je ne pouvais m'empêcher de croire que cette vie d'écolier pensionnaire avait quelque chose de commun avec la réalité de la vie.

Après avoir déplié mon matelas, je me suis bien vite réchauffé à la chaleur du poêle.

Mardi 16 janvier 1917

J'ai eu du mal à lire de Abé Jirô, intitulé *L'Art pour l'art, et l'art pour la vie*[1]. Je crois que sa thèse est très intéressante, mais elle ne rencontre chez moi aucun écho.

J'ai été invité par T. à me joindre à lui et à S. pour aller manger un bol de soupe aux nouilles. Je suis passé à la librairie Toratani et j'ai pris le livre de Shimazaki *Nouvelle étude et interprétation de l'anglais écrit*[2], qui venait d'arriver. Nous sommes allés au restaurant Sanshin, situé le long d'une route très passante. Le professeur Fukuyama est entré par hasard. N'ayant pas le temps de me cacher, j'ai baissé la tête contre le tatami, non que je fusse vraiment gêné, mais j'avais plutôt une irrésistible envie de rire. Il s'est adressé au patron, debout, juste à côté de nous. Je crois qu'il ne nous a pas vus. N. et M. sont arrivés aussi.

Après être repassé chez Toratani, je me suis promené avec Takahashi, puis j'ai quitté le camarade S. qui avait dépensé plus d'un yen pour nous. Je suis juste rentré à temps pour le dîner.

Tard le soir, Sugiyama nous a proposé d'aller prendre un en-cas, mais comme je n'ai pas d'argent, je m'en suis tenu à une vague réponse.

Jeudi 18 janvier 1917. Temps clair.

Hier soir, dans le noir, quarante minutes après l'extinction des feux, je suis entré dans mon lit glacé. Kiyono, encore éveillé, a réchauffé mes mains froides, m'a pris dans ses bras et a posé sa joue contre la mienne. J'étais vraiment heureux. Ce matin, nous nous sommes enlacés longuement et fougueusement. Qui-

1. *Geijutsu no tame no geijutsu to jinsei no tame no geijutsu.*
2. *Shin Eibun Kaishaku Kenkyû.*

conque nous aurait vus aurait pu nous trouver bizarres. Qu'est-ce que Kiyono peut bien avoir dans la tête, je n'en sais absolument rien. Mais en tout cas, pour moi, c'est un plaisir incomparable que rien ne peut égaler.

Je sors après les cours pour aller chercher le livre *Modèles de phrases*[1].

Samedi 20 janvier 1917. Temps nuageux.

Il ne me reste qu'un peu plus d'un yen sur les quarante-sept de mon livret d'épargne. Dans mon porte-monnaie, il n'y a plus qu'une pièce de cinquante sens. Je suis bien triste. J'ai beau faire, je suis dépensier de nature. À cause de ma légèreté, je dois faire face à d'amères expériences. J'imagine que la tristesse d'avoir été élevé par des oncles et des tantes, sans vrai père ni vraie mère, ressemble à la souffrance causée par le manque d'argent. Mes amis aussi ont du mal à me supporter lorsqu'ils me voient compter pour tout.

Par vanité envers mes camarades j'ai dû sacrifier de nombreux livres. Ce matin même, j'ai fourré dans mon balluchon le livre de Yosano Akiko, *De l'automne à l'été*[2]; *Une vie de femme*[3], des romans de Hakushû et la collection des poèmes de Bansui, puis je suis parti en direction d'Osaka.

Comme le professeur Inaba se trouvait dans la cuisine, je n'ai pas pu sortir par la porte de derrière, et j'ai raté le train d'une heure.

À la gare, je suis tombé sur le directeur de l'école. Bloqué de tous côtés, je lui ai adressé de solennelles salutations. Il a dû penser, comme j'avais un balluchon à la main, que je ne pouvais que rentrer chez moi.

1. *Bunshô Kihan.*
2. *Natsu yori aki e.*
3. *Onna no isshô.*

Arrivé à la librairie de livres d'occasion où j'avais l'habitude d'aller à Fukushima, j'ai discuté âprement. Pour mes livres, j'ai obtenu un yen et soixante-dix sens, et pour le vieux dictionnaire dépenaillé de Kiyono, quatre-vingts sens.

Dans un autre magasin, j'ai acheté *Une nouvelle interprétation de Masu Kagami*[1], *Discours sur la qualité*[2] de Smiles, et le livre de Hamano, *Discussion sur une nouvelle interprétation*[3]. Après cela, il ne me restait plus que trente sens sur les quatre-vingts que je devais rendre à Kiyono. Je me suis précipité à la gare.

Sur le quai, j'ai remarqué un doux et ravissant jeune homme. Je me suis monté dans le même wagon que lui et l'ai fixé jusqu'à mon arrivée, puis j'ai sombré dans mes fantasmes maladifs.

Un peu de pluie est tombée du ciel nuageux, et s'est arrêtée.

Comme j'ai déjà mentionné le journal du 21 janvier, je ne le transcrirai pas ici.

Lundi 22 janvier 1917. Beau temps.

Ce matin, le camarade U. m'a dit qu'il avait reçu une lettre de la jeune E. de Tôkyô qui, étant elle-même étudiante, ne pouvait écrire à l'internat du collège. Elle le chargeait de me transmettre son meilleur souvenir. Je lui dis que c'était une affaire sans importance, qu'il ne s'agissait que de la réponse à une lettre que j'avais envoyée récemment.

À l'internat, après m'être calmé, j'ai étudié pendant trois heures, sans arriver à me concentrer. Après la première heure, j'ai eu envie de manger des galettes de riz

1. *Masu Kagami Shinshaku.*
2. *Hinseiron Kôgi.*
3. *Shinshaku Rongô.*

grillé, et je suis sorti en cachette dans le froid en sautant la barrière au bout du terrain de sport. Malheureusement, tout avait été vendu. Alors, je suis allé à la pâtisserie Ashidashi où j'ai acheté des pruneaux confits, des gâteaux de riz secs et des mandarines, puis je suis rentré. Comme nous étions en train de manger avec mes camarades de chambre, Oguchi est entré. Malgré l'affaire de la nuit dernière, il était, comme d'habitude, à la fois impertinent et nonchalant. Il ne pouvait s'empêcher de nous insulter. Si, par hasard, son opinion différait de la nôtre sur un point d'anglais, il se promenait dans les dortoirs d'un air innocent pour demander qui avait raison et j'ai fini par ne plus pouvoir contenir mon exaspération.

Après l'extinction des feux, j'ai étudié le *Tsurezuregusa* dans le bureau et j'ai pensé à Kiyono et à Koïzumi qui étaient en train de dormir en haut, ainsi qu'à Oguchi qui ne pouvait se tenir tranquille. Je suis revenu à la chambre assez vite, j'ai monté l'escalier exprès à pas de loup, et, après avoir examiné le couloir et les portes, je suis entré dans la chambre. Tout était calme.

Kiyono était éveillé : comme chaque soir, nos bras se sont enlacés dans une douce et tiède embrassade.

De ce journal tenu de septembre 1916 à janvier 1917, pendant cinq mois, j'ai essayé d'extraire les passages où apparaissait le nom de Kiyono.

Environ deux mois après la fin du journal, j'ai passé mon diplôme de fin d'études au collège et suis allé à Tôkyô. Mon histoire d'amour avec Kiyono a continué de la même façon jusqu'à l'examen final.

Pendant cinq mois, il n'y eut dans l'évolution de cet amour ni développement, ni changement, ni variation d'intensité d'aucune sorte. Nous ne prononcions jamais le mot « amour ». Le début de cet amour, et le cours qu'il suivit furent sans histoire; le souvenir que j'en ai gardé est à la fois doux et paisible.

XIV

J'ai terminé le journal du collège et je reviens aux *Souvenirs de Yugashima*, qui relatent l'époque où j'étais à l'Université.

En fin de compte, pour moi, l'existence de Kiyono évoquait une affaire d'influence, je l'avoue de façon un peu égoïste et hésitante, mais je tiens à revenir sur ce point.

Voici le passage d'une lettre écrite au moment où je suis entré au lycée : « Tu es mon dieu sauveur, la surprise inattendue de ma vie. » C'est bien moi qui ai écrit cela et pourtant je ne comprends pas comment j'ai pu écrire une phrase pareille.

Lorsque j'ai rédigé les *Souvenirs de Yugashima*, j'avais complètement oublié l'existence de cette lettre et du journal que nous devions écrire au collège. Ce n'est qu'à l'âge de cinquante ans que j'ai pu rassembler les trois textes.

Dans les *Souvenirs de Yugashima*, après ma visite à Saga, au moment où Kiyono, assis sur un gros rocher, me regardait descendre dans la vallée, je me sentais bien chancelant.

> Manifestement, il n'est pas vrai que l'homme puisse se débarrasser de ce qu'il a reçu génétiquement avant sa naissance, de même qu'il ne peut se dégager de l'influence de l'entourage et de la situation dans lesquels il se trouve plongé. Il semble impossible qu'il puisse échapper à tout cela et se retirer du monde pour toujours. Si, comme c'est facile à comprendre, cette partie innée est ce que, dans la religion de l'Omotokyô, on appelle l'« esprit maléfique », il est certain que le dieu qui vous aide à retrouver l'esprit du Bien doit être accueilli avec joie.
>
> À l'âge de vingt ans, j'ai voyagé pendant cinq ou six

jours avec une danseuse itinérante. En proie à un sentiment de pureté, j'ai pleuré quand j'ai dû me séparer d'elle. Ce n'était pas de la sensiblerie de ma part. Encore maintenant, je me demande avec un certain amusement si cette jeune personne n'avait pas éveillé en moi un léger penchant amoureux, à l'époque où, pour la première fois, j'avais atteint l'âge de raison. Mais il ne s'agissait pas de cela. Ignorant du monde, élevé dans le malheur et dans une ambiance inhabituelle, j'étais devenu un homme complètement tordu, persuadé que mon âme s'était rétrécie jusqu'à la taille d'une graine, et avait été séquestrée. J'en étais malade de tristesse. Persuadé que j'avais un cœur déformé, il m'était d'autant plus difficile d'échapper à cette déformation.

Je savais bien qu'étant ainsi, j'étais naturellement déficient. Plus sentimental qu'aurait dû l'être un jeune homme de mon âge, je tirais une fierté de la blessure de mon âme. Mais je n'allais pas jusqu'à en tomber malade. En fait, cette blessure me réjouissait, parce que les gens me témoignaient de l'attention et de la confiance. Cela me permettait de prendre de la distance par rapport à moi-même, de me dégager en même temps des côtés sombres de ma personnalité et de pénétrer dans un espace ouvert où il m'était permis de suivre un chemin droit en toute liberté.

La vie de pensionnaire au lycée pendant un ou deux ans fut pour moi détestable, parce qu'elle était complètement libre de toute contrainte, comparée à la vie en cinquième année de collège. En plus, souffrant des aspects maladifs ancrés en moi depuis ma prime jeunesse, je ne m'inspirais que dégoût et pitié et je ne pouvais plus le supporter. C'est pourquoi j'allai à Izu.

Pour moi qui ne connaissais que la fatigue des voyages et la plaine d'Osaka, le paysage d'Izu me fut un réconfort. C'est alors que je rencontrai cette danseuse, à laquelle je pus montrer mon tempérament d'honnête campagnard dont la nature ne ressemblait en rien à celle d'un artiste itinérant. La danseuse prétendait que j'étais vraiment quelqu'un de bien, et sa belle-sœur, la femme de son frère aîné, chantait mes louanges avec elle, vantant ma pureté et mon calme. Je me demandais si j'étais vraiment aussi bien que ça. Oui ! ma réponse était que j'étais très bien. Mais il ne faisait aucun doute que ce qu'elles appelaient un « garçon bien » était plutôt quelqu'un de très banal. Qu'un « garçon bien », comme moi, ait pu voyager en leur compagnie de Yugashima à Shimoda était une chance très agréable. Que cette jeune femme, sur le seuil de l'auberge de Shimoda ou dans le train, ait pu me trouver si bien, voilà qui me réconfortait. Ma reconnaissance était telle que j'en pleurais. Maintenant que j'y pense, je vivais un rêve. C'était une histoire de jeunesse.

Voilà dans quelle disposition je me trouvais quand je rentrai pour la première fois au lycée. L'année que j'avais vécue avec Kiyono m'était également apparue comme un sauvetage, comme une aide sur ma route spirituelle.

Kiyono répétait souvent dans ses lettres, et il me l'avait même dit de vive voix lorsque j'étais allé le voir au fin fond de Saga, qu'il ne pourrait jamais oublier ma bonté. J'acceptais ses remerciements avec simplicité et je pensais qu'il fallait être gentil avec lui, car je le connaissais bien.

Plus tard, dans le dortoir du lycée, j'éprouvai une certaine reconnaissance envers lui, mais à l'internat du collège, j'avais plutôt envie de lui dire que, s'il arrivait quoi que ce soit, il faudrait arrêter de nous conduire en fils de famille, et établir plutôt entre nous des rapports protecteurs et responsables de père à fils. Moi qui avais perdu mon grand-père, qui n'avais aucun foyer où aller, après avoir été hébergé pendant plus d'une demi-année par des parents, j'étais devenu pensionnaire en quatrième année de collège. Au printemps, alors que j'étais entré en cinquième année, Kiyono était venu partager ma chambre. À seize ans, il n'était qu'en deuxième année. Une maladie l'avait retardé dans ses études.

Lorsqu'il était arrivé, j'avais ouvert grands les yeux, je l'avais contemplé comme s'il se fût agi d'un personnage étrange et m'étais demandé comment un tel être pouvait exister. Depuis ma naissance, je n'avais jamais eu l'occasion de rencontrer quelqu'un de semblable. À mon grand étonnement, c'était vraiment un être comme il n'y en a pas deux au monde. J'avais pitié de moi-même lorsque je me comparais à lui qui avait été à la fois élevé dans une douce chaleur familiale, et protégé par l'amour rayonnant de parents respectables.

Frappé par le destin, il avait dû rester couché pendant plus d'un an à la suite d'une grave maladie, mais il avait effacé ce passé et procédé à une sorte de renaissance, un retour à la tendresse enfantine. Malgré tout, cette situation était pour le moins inattendue.

Aussi, plutôt que de me comparer à lui et d'éprouver du dégoût pour moi-même, je le contemplais avec ferveur en me fondant dans son originalité. Mon cœur était allégé, et cette légèreté naturelle me faisait sourire. Je n'avais plus aucun désir de retenir mes paroles, mes actes, et même mes pensées secrètes. Tout coulait directement vers lui, tout ce que je disais, faisais, pensais intimement, tout cela, au lieu que je l'enfouisse en moi-même, il l'acceptait sans rejet ou désintérêt, avec une grande simplicité et sans que j'en fusse honteux. Je ne voyais que ses grands yeux limpides qui se levaient vers moi.

Depuis ma naissance, je n'avais jamais goûté ce genre de paix. Il n'avait aucun réflexe qui eût pu me faire sentir ce dégoût de moi-même, résultat de ma propre situation, ou provoquer un retrait et un durcissement de ma personnalité. J'éprouvais un sentiment de liberté grâce à l'apaisement créé par son acceptation totale et sans faille de ma personne telle qu'elle était. Et, lui livrant de plus en plus de moi-même, je m'ouvris, me libérai, et finis par me changer devant lui en ce que je désirais être.

Je commençai alors à me rendre clairement compte que dans l'image que je m'étais façonnée de ma situation, il y avait une grande part de sentimentalisme et d'orgueil.

Je compris tout de suite que lorsqu'il évoquait la gratitude dont il se sentait redevable envers moi, c'était parce qu'il allait me quitter, mais j'ignorais complètement le moment où cela se produirait. On lui fit quitter l'école tout à coup. Une des raisons et non des moindres de ce départ était sa foi en l'Omotokyô, qui s'approfondissait de jour en jour.

Après, j'ai poursuivi mon récit en disant : « Au mois d'avril de ma cinquième année de collège, je me rendis compte que Kiyono croyait en un dieu que je ne connaissais pas. » Alors que j'étais couché, brûlant de fièvre, Kiyono priait à côté de moi en murmurant : « Riri… shasha… riri… shasha… » Cette partie, je l'ai reprise en la recopiant, puis, à nouveau, j'ai poursuivi mes pensées personnelles.

Obsédé par ma personne, centré sur la quête de mon moi propre, je me sentais isolé de tout, dans une solitude dépourvue d'affection charnelle depuis ma plus tendre enfance, et le jouet de circonstances dans lesquelles je me trouvais alors.

Une vieille paysanne m'avait soigné quand j'étais petit. Au mois de janvier de l'année dernière, j'étais allé lui rendre visite, car elle était malade de vieillesse. Alors que je m'apprêtais à partir, elle s'était levée, bien qu'elle se déplaçât avec difficulté, et m'avait accompagné le long de la galerie extérieure jusqu'aux marches du perron. Elle s'était alors assise bien droite sur ses talons, et m'avait donné une franche poignée de main en éclatant en sanglots.

Je m'éloignai, mais elle continuait à me saluer. Je me sentais complètement uni à elle. Dans ces moments-là, j'avais un cœur pur, sans aucune ombre, et je pouvais contempler la route devant moi avec un regard lumineux.

Kiyono croyait en moi. Avoir eu l'occasion de le

rencontrer m'a permis de me purifier, de me livrer à une complète catharsis, et de réfléchir à une nouvelle disposition spirituelle. Est-ce grâce à cela que j'ai enfin pu trouver un sommeil calme et paisible, blotti dans cette confiance ? Autrement, mon esprit se serait vite embrumé, il m'aurait suffi de regarder ma silhouette dans un miroir. Quand mes pensées se voilent, il est normal que je recherche la solitude et me plonge pendant dix jours dans un silence total au fond de la vallée de Yugashima.

Mais je ne pouvais accepter que ma raison n'analyse pas cette sentimentalité avec laquelle je considérais la douleur provoquée par mon esprit malade. Était-ce de l'orgueil de ma part ?

À cette époque, les gens ont été – et ils le sont toujours d'ailleurs – très gentils avec moi ; ils m'ont gratifié de trop de bienveillance, et je ne peux croire qu'il existe dans le monde des hommes mauvais. Je pense ne jamais avoir été confronté à de méchantes personnes. Fort d'une telle foi, je me sens apaisé.

Moi-même, je ne suis nullement malveillant avec les autres. Je ne nourris aucune inimitié ni aucun ressentiment envers qui que ce soit. Je ne veux concurrencer ni jalouser personne, et je n'ai même pas l'intention de m'opposer à quiconque.

J'accepte tous les points de vue et toutes les orientations ; je m'en amuse et les accepte.

XV

Les anciens manuscrits où je parle de Kiyono sont, en grande partie, cités plus haut. Mais, par la suite, lorsque j'ai trié de vieux papiers enfermés dans une valise et un sac en tissu, j'ai trouvé vingt-deux lettres de Kiyono qui m'étaient adressées, et aussi des lettres de Sugiyama et de Koïzumi, mes autres camarades de chambre, ainsi que quelques mots d'élèves de la même classe que moi.

Le style de Kiyono, par rapport au mien dans mes lettres et mon journal, est plutôt hésitant et ne reflète pas bien son état psychologique. Il semble quelque peu insuffisant pour être reproduit ici, mais Kiyono fait allusion à des souvenirs de mon adolescence annotés avec des ajouts, et en modifiant mes pensées d'alors ; on peut même y déceler une certaine complaisance envers moi, c'est pourquoi cela vaut peut-être la peine que j'en relate quelques passages.

La première des lettres date du 4 avril 1917. Mon adresse, à cette époque, était celle de mon cousin, à Kuramaé, Asakusa. J'étais allé à Tôkyô pour préparer mon examen de fin d'études au collège, qui devait avoir lieu deux jours plus tard ; en ce temps-là, ce genre d'examen se passait vers la fin mars, et celui d'entrée au lycée, en juillet.

Extrait d'une lettre de Kiyono datée du 4 avril 1917 :

> … Tôkyô est vaste, et rares sont tes amis, aussi tu dois te sentir bien seul. J'espère que petit à petit tu pourras t'en faire quelques-uns et te remettre à l'étude avec ardeur. Mais moi, je n'aurai jamais plus l'occasion de me confier à toi. Je ne cesse de penser à cette année que nous avons passée ensemble, et pendant laquelle tu m'as permis de me reposer entièrement sur toi, mais la façon dont s'est déroulée notre vie dans le temps ne m'a pas permis de rester pour toujours avec toi afin que je devienne, comme tu me le disais, quelqu'un de bien. Voilà que nous avons un nouveau chef de chambrée, et personne ne pense plus à l'ancien ; cela me rend encore plus triste. De temps en temps, je te vois en rêve, un rêve fréquent où je pleure car j'ai laissé tomber tes livres dans le feu… Moi, je me console comme je peux en souhaitant que tu arrives à ne pas te sentir isolé ou

> triste, et, au fond de mon cœur, j'aimerais adoucir ta peine comme au temps où tu avais le cœur blessé. Je ne peux oublier ta bonté. Je ne souffre pas particulièrement de la différence qui sépare les anciens des nouveaux à l'internat, et si j'arrive en troisième année, j'ai l'intention de bien travailler, mais je reste faible et tenté par toutes sortes de choses.

La deuxième lettre est datée du 8 avril à 11 heures du matin. Il semble que Kiyono soit de retour à l'internat et que les chambres aient été attribuées. Cette lettre contient la liste des occupants de la chambre n° 10 ; Kiyono est dans la n° 8.

Dans une lettre qui est, en fait, une rédaction datant de ma première année au lycée, j'écris : « Depuis que je t'ai quitté, tu as l'air d'avoir Kitami comme surveillant, et d'être dans la même chambre que Kikugawa et Asada ; tous deux, de mon temps, étaient les jolis garçons du dortoir et les points de mire des élèves des grandes classes. » Cette remarque se rapportait justement à la chambre n° 8.

Extrait d'une lettre de Kiyono, datant du 21 mai 1917 :

> … Quel long silence ! Pardonne-moi ma négligence. Comme tu dois te sentir seul et triste d'être isolé. Je compatis vraiment, du fond du cœur… je ne pense qu'à toi. Quelles que soient tes souffrances, je serai toujours à tes côtés, dans ton ombre, et consolerai ton cœur meurtri. Je t'en supplie… tiens bon ! Ne t'inquiète pas, car je serai toujours là, auprès de toi… Avant-hier, il y a eu une course à pied de quinze kilomètres. Je suis arrivé à l'école dans les derniers, mais mes pieds n'étaient pas blessés. Hier, j'ai voulu aller au championnat de tennis de Torio mais, une fois arrivé à Osaka, soudain je me suis senti mal, et des parents se sont occupé de moi, mon cœur semble toujours battre trop vite.

Cette lettre est adressée à Nishidorigoé, à Asakusa, là où je louais une chambre.

Extrait d'une lettre de Kiyono, datée du 29 juillet 1917 :

> … l'examen d'entrée a dû bien te fatiguer. Même si tu ne réussis pas, ça ne fait rien, tu as encore un an devant toi pour étudier… Quant à moi, j'ai l'intention de travailler dur au premier trimestre, mais mes résultats sont en baisse, contrairement à ce que j'espérais. Je pense que si j'en mets un coup au deuxième trimestre, cela ira… Beaucoup de choses m'ont donné du souci à l'école, alors qu'à la maison rien ne vient me troubler. C'est pourquoi je me sens à la fois fort et serein, et je n'ose penser qu'un jour je deviendrai un homme bien et sincère.
>
> Franchement, je n'ai jamais imaginé que tu deviendrais romancier. Je croyais que tu accepterais de suivre notre route. Tu penses sans doute que ce que j'appelle « notre route » est une voie mystérieuse, mais quand tu prendras de l'âge, tout naturellement tu comprendras.
>
> Au sujet de ce que je vais faire après avoir fini mes études, je n'ai pris aucune décision. Mais si je reste sincère envers moi-même face aux événements qui se produisent quotidiennement, je progresserai sur ma propre voie. Je suis prêt à souffrir, à éprouver toutes les difficultés de la vie, et si je m'en sors, assurément, je me retrouverai moi-même.
>
> Nous avons parlé de toutes sortes de choses intéressantes dans nos lits à l'internat, mais sans dieu, comment peut-on marcher droit ? Pour toi, c'est incompréhensible, mais maintenant moi je peux le comprendre. C'est quelque chose qui ne relève pas de la logique.
>
> Je crois que, bien qu'il n'y ait pas vraiment de contradiction, il vaut mieux ne pas lire de livres sur la religion. Si on pratique en même temps qu'on lit, c'est bien. La philosophie ne tolère pas la superficialité. Mais découvrir quoi que ce soit par la seule lecture des livres de philosophie est impossible. On n'arrive à rien.

Si on ne pratique pas, l'apport venant de l'extérieur est éphémère, alors que l'éveil intérieur est une constante stable.

Je m'arrête ici. Ne t'en fais pas. Je reste dans l'expectative.

Pour les vacances d'été, Kiyono est retourné dans sa famille à Saga. Quant à moi, après avoir passé mon examen d'entrée, je suis allé chez mon oncle, à Yodogawa, et c'est alors que j'ai reçu cette lettre.

Était-ce parce que Kiyono se trouvait avec son père, je ne sais, mais les mots avec lesquels il s'adressait à moi portaient en eux la marque d'une foi profonde.

Extrait d'une lettre de Kiyono datée du 13 octobre 1917 :

... Aujourd'hui a eu lieu le match de base-ball entre les deuxième et troisième années. Ce sont les troisième année qui ont gagné. Alors que je passais la porte d'entrée en chantant notre hymne triomphal, j'ai reçu des nouvelles de notre ancien chef de chambrée. Et cela a encore augmenté ma joie.

Peut-être que mon long silence est impardonnable, aujourd'hui je te raconterai tout ce qui me passe par la tête, mais, surtout, n'en dis rien à personne. Le temps du déclin de l'internat est arrivé. Parmi les élèves des grandes classes, il n'en reste pas un seul qui soit correct. Ils méprisent ceux des première, deuxième et troisième années, les entraînent dans des bêtises, les plus forts opprimant honteusement les plus faibles, et on finit par ne plus pouvoir étudier. Que ce soit le samedi ou le dimanche, il y a toujours le base-ball, auquel les grands obligent lâchement les plus faibles à jouer; ainsi, ils s'en sont pris au gentil Kikugawa qui avait déçu leurs espoirs et n'ont cessé de le tourmenter. C'était insupportable de voir ça.

Ou bien, trouvant pratique de fumer dans la chambre à coucher tendue de tatamis, il ne se passe pas un jour sans que la fumée monte au plafond. Après déjeuner, ils fument dans les W.-C., se cachant à peine des plus jeunes, et pas du tout des deuxième et troisième années. Comment pouvons-nous, nous les troisièmes année, supporter cette situation ? Je me demande s'ils n'ont pas perdu tout sens de la dignité. Tous les élèves de cinquième année ainsi que trois élèves de quatrième année sont infréquentables. Pour observer les tourments infligés par les grands aux petits, ce sont les troisième année qui sont les premiers. Dernièrement, le 10, ils se sont divisés en deux camps, celui des bons et celui des mauvais, et ils se sont livré une bataille féroce devant la porcherie. Ils ont choisi un endroit à l'abri des regards des première et deuxième années, mais Koïzumi et moi avons tout vu de la fenêtre. Ils se sont battus parce que les gentils trouvaient que les méchants opprimaient beaucoup trop les trois premières années.

Malgré moi, je pense avec tristesse à l'année dernière et soupire après tous ceux qui ont terminé leurs études.

Cette lettre m'a été adressée à Hongô Yayoïmachi, Ikkô Nishi-ryô, jûsanban.

Dans l'enveloppe, il y avait une petite photo de Kiyono, vêtu d'un hakama et d'un kimono léger en toile blanche. Il est assis sur une chaise en rotin, mais on ne voit pas bien son visage.

Extrait d'une lettre de Kiyono datée du 19 février 1918 :

… Le mois de janvier a passé comme un rêve, ne trouves-tu pas ? Bientôt viendra le doux printemps…

… Dernièrement, à Sakaï, ont eu lieu les compétitions entre les Sociétés d'arts martiaux d'Osaka. Bien que je ne sois pas doué, le maître m'a ordonné d'y participer. J'ai roulé comme un chat en boule, et en deux coups je me suis fait battre. Mais je n'ai rien regretté. C'est normal que quelqu'un comme moi se fasse battre. Dernièrement, lors des épreuves générales à notre école, j'ai été confronté à un garçon appelé Hamamura et j'ai été battu en un coup. Mais, là encore, je n'ai eu aucun regret. J'avais plutôt l'impression que tout cela était absurde.

Aujourd'hui, c'est à nouveau dimanche, jour de la répétition générale des exercices de gymnastique des cinquième, quatrième et troisième années. Le vent du nord souffle avec un bruit plaintif. Dimanche prochain, à nouveau, il y aura les exercices. J'y assiste le visage blême, mais, quel ennui !

Voilà déjà un an que nous nous sommes quittés. Je suis étonné que les jours passent si vite. Nous sommes de plus en plus nombreux à l'internat, et nous tombons de plus en plus bas. Quel triste spectacle de voir des garçons, qui se disent des hommes, ne pouvoir s'empêcher d'en opprimer d'autres.

On dit pourtant que les élèves qui arrivent en cinquième année changent de mentalité et deviennent des personnes qui aiment venir en aide aux autres.

Tu es parti en voyage à la capitale, et l'Angleterre, l'Allemagne et l'Amérique vont peut-être envahir la baie de Tôkyô. Il aura fallu cinq ou six ans pour que le Japon s'ouvre au monde, et c'est justement maintenant que le grand Fuji entre en éruption. Laisse-moi maintenant te donner des nouvelles. L'âme humaine, lorsqu'elle communique avec dieu, peut connaître l'avenir. Ne peux-tu revenir à Osaka tant que durera l'éruption du Fuji ?

Je t'écris d'ici, alors que je suis habité par l'esprit céleste : « Le dieu vivant, véritable âme du Japon, qui se manifeste cette fois-ci au monde, complote depuis les temps anciens, et comme depuis trois mille ans c'est la deuxième fois qu'il se dévoile pour l'humanité, il doit redresser le pays. Mais si notre dieu, soupçonneux des hommes, a du mal à accomplir son travail, il retournera à son état originel de chaos, et le pays se perdra. Si alors les ancêtres de l'univers ne se manifestent pas et ne nous protègent pas, le monde deviendra un océan de boue, et l'humanité disparaîtra. Dieu éprouvera toujours de grandes difficultés à empêcher que le monde ne soit totalement submergé. »

... Quand j'y réfléchis, le rachat du monde, cette fois-ci, est une entreprise extraordinaire, et de nombreuses personnalités, y compris l'empereur, vont se rendre en pèlerinage au lieu saint de l'Omotokyô, qui est le vrai centre originel du Japon éternel.

Dans cette lettre, c'est la première fois que Kiyono parle de l'Omotokyô.

Extrait d'une lettre de Kiyono datée du 26 mars 1918 :

Quand je rencontre Koïzumi, nous parlons toujours de notre ancien chef de chambrée. Ah ! notre ancien chef ! J'aimerais tant le revoir encore une fois. Il avait l'habitude de rire en disant que Koïzumi et Miyamoto – le surnom que tu t'étais donné – avaient les yeux tout ronds au beau milieu du visage. Comme tu me manques ! Si seulement tu pouvais m'envoyer une photo. Dernièrement, une photographie des exercices de gymnastique est tombée de notre petite bibliothèque ; j'ai repensé alors à notre passé commun, en regardant le portrait de notre ancien chef de chambrée en train de se livrer au combat à l'épée. On t'aperçoit à cette époque. Un vaste terrain s'étale sous nos yeux. Koïzumi, qui pense à toi, me dit qu'on aurait dû garder une photo de toi.

... À propos, envoie-nous les trente pages que tu as écrites. Permets-moi de les lire... je t'en prie ! Raconte tout ce que tu voudras. Voici un an que nous nous sommes quittés, ne te sens-tu pas nostalgique à Tôkyô ? Dire que je suis déjà en quatrième année et, en plus, surveillant... Quand je me souviens du temps où j'étais en deuxième année, je me sens tout confus. Moi ? chef de chambrée ? Cela me laisse perplexe.

Ah ! quand je quitte l'école au moment des vacances, je m'absorbe dans mes méditations.

Il ne me reste plus que cinquante minutes pour terminer cette lettre. Le feu de charbon de bois brûle bien. Mes pieds sont étalés juste en face, et comme mes reins s'affaissent, je me redresse un peu pour écrire.

J'ai fini par grandir, mais j'ai quand même un cœur d'enfant, et cela m'embarrasse. En quelque sorte, j'aimerais devenir adulte.

Quand je parle de « méditations », c'est surtout de mon orientation qu'il s'agit. Depuis deux ou trois mois, j'ai commencé à penser que si je suis né dans ce monde, c'est parce qu'un dieu m'y a fait naître pour accomplir une tâche. C'est à cela que je songe, car je vois là un signe du Karma, un enchaînement de cause à effet. Je ne peux m'empêcher de croire que j'ai été placé dans ce monde avec une destinée qui m'est propre. Quant à mon orientation à partir de maintenant, je ne puis servir de guide à la société parce que je suis encore un enfant très naïf. Je dois devenir un adulte remarquable en tout point. Pour l'instant, je me contenterai de perfectionner mon esprit et ma conduite, afin que tout mon être puisse travailler à la grande rédemption de la nature humaine. Pourquoi les gens ne croient-ils pas aux prédictions ? Pourtant, elles existent… elles sont possibles, quand on a l'âme juste et qu'on se concentre dans le calme. Moi j'en suis capable, inspiré que je suis par une intuition sacrée.

L'homme est habituellement confronté au doute et au désir. Moi aussi. C'est pourquoi le miroir de mon âme s'embrume, et mon pouvoir de pénétration s'affaiblit. Quand ce miroir étincelle, le monde entier s'y reflète. J'ai encore tant de choses à dire ; elles s'accumulent dans ma tête et je n'aurai jamais assez de temps pour les écrire. Si tu désires avoir plus de détails, tu peux commander le livre *Un monde de spiritualité divine*[1] à la librairie Ariaké, à Hongô, yonchôme, à Tôkyô. Dans le numéro de février, on y parle de ma

1. *Shinreikaï.*

famille. C'est un livre modeste qui ne coûte que deux sens, mais les mots qu'il contient sont d'un accès très difficile… J'ignore les détails concernant le chahut dans les chambres qui a eu lieu dernièrement, mais finalement les deux clans qui s'étaient formés se sont dissous.

Extrait d'une lettre de Kiyono datée du 29 mai 1918 :

… Voilà bien longtemps que je ne t'ai donné de mes nouvelles. Excuse-moi. Puisse ton pardon être à la mesure de ton indignation.

J'ai été amené à annoncer, pour diverses raisons, que j'allais quitter l'école. Je n'ai pas encore eu l'occasion de t'en faire part, à cause de nombreuses complications. Mille pardons ! D'autre part, il est bien regrettable que je n'aie pas non plus reçu de lettre de mon ancien chef de chambrée. J'ai mis au panier trente et une page qui n'avaient aucune valeur. Ta longue lettre a été réduite à néant, et je ne peux que m'en attrister… Pardonne-moi… prends patience… je ne t'oublie pas, tu peux en être sûr. Je parle toujours avec Koïzumi de notre vie d'avant, et il m'arrive de dire que si je te rencontrais, je mourrais de honte. Comment oublier, sans être inhumain, toute la bonté dont tu m'as comblé. Non, je n'oublierai jamais… même après ma mort. Jamais je ne pourrai oublier.

Dis-moi que je suis ton seul ami, et je serai parfaitement heureux. Dorénavant, j'écrirai souvent, et bien que tu vives loin, je te sentirai proche de moi. Viens au mois de juin, viens ! Je n'arrive pas à imaginer dans quelle forme tu es actuellement. Je crois entendre le bruit que tu faisais lorsque tu montais l'escalier à ta façon, pour regagner notre chambre n° 5. Je m'amusais à t'imiter.

Voilà que ton oncle est mort. Comme c'est triste ! Cela me rappelle le décès de ma grand-mère et les larmes me viennent aux yeux.

J'ai lu en détail dans le journal le compte rendu du match de base-ball du printemps, entre le lycée n° 1, et le lycée n° 3. J'ai également lu dans la presse ce que tu m'écrivais à ton propre sujet. Si tu entrais au lycée, tu pensais être choisi pour entrer comme dans une équipe. Je n'ai pas vu ton nom, sans doute à cause du décès de ton oncle…

Quant à moi, je suis maintenant en quatrième année de collège. Je me distrais de mille façons, et n'étudie guère. Je suis devenu le chef de la chambre n° 4. C'est bien ennuyeux pour les autres d'avoir un surveillant pareil, aussi tête en l'air.

Je ne comprends pas pourquoi tu as si peur quand je te dis que je veux enfin agir en adulte. Cela devrait me venir naturellement. Mais je n'arrive pas à m'habituer à l'idée d'être un adulte. Comment faire pour perdre mon cœur d'enfant ? Est-ce parce que depuis ma plus tendre enfance, je n'ai eu pour amis que mes frères ? Je me prosterne à terre devant toi.

Par ailleurs, si j'ai la foi, il ne s'agit pas du tout d'une croyance aveugle. C'est une foi née d'un enseignement reçu qui me permet de prévoir la voie que devra suivre notre grand empire du Japon. C'est une voie qui conduit à l'union universelle.

Cela me semble impossible que tu rates ton examen. Si jamais c'était le cas, ce ne serait pas un véritable échec. Ta façon d'étudier te laisse beaucoup de loisir pour faire ce qui te plaît. Tu aimerais consacrer une partie de tes études à la science, et la majorité de ton temps à l'écriture. Mais quand même, essaye de réussir ton examen. Crois-tu que si tu échoues, tu en seras pour autant méprisable ? Parmi les gens qui ont du talent, il y en a qui étudient beaucoup et d'autres qui n'étudient pas. Si ceux qui ne font rien se mettent à travailler, ils deviennent les premiers. La littérature est un métier où il faut du talent…

Plus loin, Kiyono précise l'attribution des chambres au début du premier trimestre, et décrit le match de

Kendo qui a opposé les quatrième aux cinquième année. D'après ce qu'il dit, il était capitaine des quatrième année, et a battu celui des cinquième année, son adjoint et un de ses subordonnés, en tout trois personnes. À lui tout seul, il a permis aux quatrième année d'être victorieux. Kiyono n'était absolument pas un être faible et efféminé.

En même temps qu'une lettre de trente et une pages, j'ai retrouvé une lettre de moi qui tenait lieu de rédaction de première année au lycée. Je possède six pages et demie de vingt pages qu'elle comptait. Je les ai citées plus haut, mais maintenant que je lis la lettre de Kiyono, je comprends qu'en fait, la mienne avait trente et une pages. Kiyono n'aurait-il pas reçu la lettre qui allait avec ? Le doyen de l'internat l'aurait-il confisquée ?

De plus, il y a une carte postale qui, je crois, est de la même époque. Je n'arrive pas à lire la date sur le timbre. On peut y déchiffrer des phrases comme : « Malgré certains événements qui m'ont touché personnellement, j'ai pu, grâce aux bons offices de mon père, retourner à l'école. Il m'a dit que j'y resterais jusqu'à ce que j'obtienne mon diplôme de fin d'études. Merci de te faire tant de souci pour moi. » Je me demande si cette carte n'est pas arrivée avant ma lettre du 29 mai.

Quant aux « événements » qui l'ont touché, je ne peux me souvenir de ce dont il s'agit. Il existe certainement une lettre de Kiyono me relatant ces faits, mais je l'ai sans doute perdue. Du reste, dans la lettre qui a suivi, il m'en parle vaguement.

Extrait d'une lettre de Kiyono, datée du 8 octobre 1918 :

> Merci pour ta lettre. La précédente a dû te paraître tortueuse, car je ne suis pas arrivé à trouver les mots

correspondant à mes pensées. Je n'ai reçu aucune nouvelle de toi depuis le mois de juillet et me suis fait un peu de souci. Comme ta santé est fragile, je me demande si tu n'es pas tombé malade, et cela m'inquiète. Tu m'as tellement protégé que je t'en suis reconnaissant du fond du cœur. Je te suis également reconnaissant d'avoir pris part avec moi aux joies et aux peines que j'ai éprouvées depuis, et je suis profondément heureux que tu m'aies protégé comme tu l'as fait, au temps où tu étais notre chef de chambrée.

Depuis, j'ai connu des gens qui m'ont calomnié. Je ne leur parle plus, mais il n'y a dans mon cœur aucun ressentiment contre eux. Ils me sont indifférents. Tu dois être content que le doyen de l'internat ait dit que je ne leur ressemblais pas. Le cœur de ces calomniateurs est si effrayant que je ne peux qu'en frémir.

Je me suis demandé pour quelle raison Oguchi était venu la nuit dans notre chambre quand j'étais en deuxième année. J'ai fini par comprendre à force d'entendre tous les racontars. À l'époque, c'était quelque chose d'inconcevable et, si on avait dit au directeur qu'Oguchi avait fait ça, il l'aurait certainement renvoyé de l'internat. Moi, je ne suis jamais allé dans aucune autre chambre. Seul, Dôi venait s'amuser quelquefois. Si le directeur l'avait appris, il nous aurait semoncés. Il n'est monté que deux fois au premier étage. Je n'aime pas l'internat ; c'est un endroit effrayant.

Quand on arrive dans les classes supérieures, il se passe toutes sortes de choses épouvantables. Les grands se débauchent bien souvent et on ne les critique jamais. Moi, j'ai peur, car Satan est toujours prêt à faire un pacte avec moi. Mais comme dieu est là pour m'assister, au moment où je risque de flancher, il me sauve. Comme je dois rester à l'internat ce mois-ci, écris-moi beaucoup de lettres. Il n'y a que cela qui puisse me rendre heureux. Je n'arriverai jamais à te dire combien j'aimerais te revoir. Je pensais partir d'ici en octobre, mais on m'a demandé de rester jusqu'à la fin du mois. Écris-moi ; tu es sans doute occupé… mais j'attends quand même.

Kiyono n'était-il pas allé rendre visite à un jeune et ravissant élève d'une classe inférieure ? N'avait-il pas été critiqué pour cela ? Quant à sa réflexion à propos de la visite d'Oguchi, un soir : « Maintenant seulement, je commence à comprendre… », je pense que cela n'avait aucun rapport avec moi.

Extrait d'une lettre de Kiyono datée du 2 décembre 1918 :

> … Le premier trimestre au lycée est sur le point de se terminer. Comment vas-tu ? Moi, je me sens parfaitement bien ; surtout, ne t'inquiète pas. Déjà Noël approche. Dernièrement, j'ai sorti de ma boîte à lettres l'image d'un joli petit enfant occidental que tu m'as envoyée l'année dernière ; je l'ai regardée longuement et me suis senti très heureux. J'ai également retrouvé quinze à seize de tes lettres. Cela m'a fait prendre conscience de la fuite du temps.
>
> À l'internat, il y a encore un élève qui est mort. Quand j'ai aperçu son visage inerte, j'ai fondu en larmes. Maintenant, je ne peux chasser cette image, et le soir, quand je vais aux toilettes, je me sens mal. Ces temps-ci, c'est le grand calme à l'internat, mais moi, je ne peux m'empêcher d'être triste. J'en ai assez d'être le responsable de la chambre. J'aimerais être encore en deuxième année. Je m'ennuie à ne faire que des choses que je déteste.
>
> Miyamoto ! Envoie-moi une photo ! Je me suis découvert récemment un passe-temps : je collectionne les photos. Je constitue un album.
>
> Ces temps-ci, je ne fréquente plus Koïzumi. Je ne lui adresse plus la parole. Sugiyama est couché avec la grippe et des battements de cœur dus au béribéri. Il y a tant de choses que j'aimerais écrire. La prochaine sonnerie, c'est pour la séance de méditation.

XVI

Extrait d'une lettre de Kiyono datée du 15 janvier 1919 :

Merci pour ta lettre. Je suis tout fané comme une plante desséchée par manque d'eau, mais aujourd'hui, c'est comme si, enfin, on m'avait arrosé. Pendant les vacances de fin d'année, je n'ai cessé de vouloir t'écrire, mais, après être rentré chez moi, je me suis aperçu que j'avais oublié mon carnet à l'internat, et je n'avais plus les adresses de mes amis. Si Yamamoto est à Tôkyô, je peux lui écrire, mais s'il n'y est pas, la lettre va m'être retournée. C'est pourquoi je ne lui envoie qu'une carte de vœux au lycée. Si tu revenais dans le district de Nishinari et que tu fasses un tour jusqu'au collège, je regretterais toute ma vie de t'avoir manqué.

Imagine comme c'est terrible de devoir passer ses jours dans un internat que l'on déteste ! Comment peut-on vivre ainsi, dénué de tout espoir ? Je n'ai aucun ami, aucune joie. Je ne fais que ressasser les souvenirs du passé. C'est si agréable d'aller à l'école quand on a des camarades. Retourner à l'internat me désole. Après être passé en quatrième année, j'ai dû endurer des souffrances inhumaines. C'est aussi difficile de rester ici que d'en partir.

En ce moment, nous faisons les exercices de gymnastique d'hiver. Chaque matin, de cinq à six heures, je suis d'attaque. Nous courons le lièvre, mais se laissera-t-il prendre ?

À propos de Koïzumi, depuis qu'il a quitté l'internat, il est devenu bizarre. Je crois qu'il est sur une mauvaise pente. Chaque jour, il fait l'aller et retour entre l'école et le domicile du professeur Sawada.

J'écris à la lumière de la chandelle. Il est dix heures et quart. Sans doute dors-tu déjà !

Extrait d'une lettre de Kiyono datée du 2 juillet 1919 :

> Le 27, tu dois venir ici par le train. Si tu pouvais me prévenir à l'avance en m'envoyant une carte, j'irais te chercher à la gare. Voilà trois ans que nous sommes séparés. Que de changements depuis ce temps-là ! Les chambres de l'internat ont été détruites les unes après les autres, pour être transformées en salles de classe, et nous avons dû déménager. Nos conditions de vie ne sont pas du tout les mêmes qu'autrefois. Et toi, tu as atteint ta majorité. J'aimerais te revoir encore une fois, ou te rendre visite si cela était possible. Il y a si longtemps que nous ne nous sommes pas vus que je serai certainement très intimidé.
>
> Je suis malade et couché. J'ai mal à la tête, avec presque 38 de fièvre. Comme mes camarades de chambre s'occupent bien de moi, je me sens déjà beaucoup mieux.

Cette lettre m'a été adressée chez mon oncle à Kamô, ville de Namazué, district de Highashinari, préfecture d'Osaka. J'étais allé passer les vacances d'été là-bas.

Extrait d'une lettre de Kiyono, datée du 24 juillet 1919 :

> Je viens de terminer ma sieste. La brise qui passe à travers les branches du cèdre autour du temple vient rafraîchir mon corps en sueur. Brise salutaire ! Elle est comme le bon vent chanté dans les textes classiques chinois que nous apprenions autrefois. Au loin, on entend l'écho du bruit du torrent au fond de la vallée. Je suis muet au moment où, pendant la méditation, j'oublie tout de moi-même. Pourtant, c'est bien l'été. Les gens qui montent ici pour se faire fouetter par l'eau de la cascade sont trempés de sueur ; lorsqu'ils arrivent, ils s'arrêtent un moment et semblent se dire qu'ils ont atteint la frontière du royaume des sages. Ils ont l'air si heureux !

Comment te portes-tu ces jours-ci ? Le 19, je suis rentré au pays, et depuis, tous les jours, je vais à la source, je prie, sommeille, lis et me livre agréablement à toutes sortes d'activités. Viens donc te reposer de tes fatigues et te distraire. C'est à deux kilomètres de l'endroit où nous avions avant notre maison.

Juste avant les vacances d'été, j'ai reçu la visite de Hirata, et aussi, le 18, celle d'Oguchi. Ils ont été très étonnés des transformations de l'internat. Ils sont tous passés, sauf toi, mon cher, et je ne suis pas content de toi. Comme tu n'es pas venu pendant les vacances, viens au moins en septembre. Moi aussi, j'aimerais bien aller te voir, mais j'ai abandonné cette idée, car cela ne me dit rien de faire le voyage seul. Je t'en prie, viens !

Extrait d'une lettre de Kiyono datée du 29 août 1919 :

Il n'a pas plu ces temps-ci et il fait extrêmement chaud... Jusqu'à quand es-tu en vacances ? Tu vas entrer en troisième année de lycée, n'est-ce pas ? C'est affreux de parler du temps qui passe si vite ! Moi qui, sans m'en faire, vais entrer en cinquième année de collège, quand je pense que tu vas être en troisième année de lycée, je fais des yeux ronds. Sans doute t'es-tu plongé dans la littérature cet été. Moi je pense m'y mettre vraiment à partir du deuxième trimestre. Au cours du premier trimestre, j'ai un peu commencé à lire des romans, mais il y a beaucoup de passages que je ne comprends pas. Je t'envie quand je pense à tous ces livres que tu as empilés dans ta valise. De si jolis livres, mais des romans pas très intéressants ! Ceux de la collection de poche Tachikawa étaient mieux, mais maintenant je ne les aime plus car ils sont tous pareils. Quand j'étais en deuxième année, je les avais alignés sur les rayons de la bibliothèque et les trouvais très beaux. Maintenant, il ne me reste plus que le souvenir de leur beauté. Le livre vermillon intitulé : *Victoire sur la mort* était si magnifique qu'aujourd'hui encore je crois l'avoir devant les yeux.

Six adeptes de l'Omotokyô sont venus écouter les paroles de mon père. Je ne me suis pas montré, car je suis encore bien timide, et me suis réfugié au premier étage pour écrire cette lettre. Je t'en supplie, viens en septembre. Si les autres chefs viennent, à plus forte raison le nôtre doit être là. Viens sans faute en septembre.

Extrait d'une lettre de Kiyono, datée du 5 novembre 1919 :

Il fait de plus en plus froid. À l'internat, tout le monde réclame des braseros. Moi aussi, j'ai envie d'en avoir un, car je suis le plus frileux. Hier, la fenêtre n'a cessé de taper à cause d'un vent absolument effrayant. D'où peut-il bien venir ? De Tôkyô ? Toi qui fais partie des anciens surveillants, comme Hirata et Oguchi, je me demande si là où tu es, tu gèles autant que nous ici. Tu es sans doute plongé dans tes romans devant un brasero… que dis-je ?… devant un poêle. Demain, j'ai un examen d'anglais, mais j'ai la tête pleine de nos souvenirs et je n'arrive pas à étudier. Je ne sais pourquoi, je me sens triste. Est-ce à cause des soirées d'automne ? Je ne sais… je n'ai qu'une envie : arrêter mes études et me réfugier dans ma douleur. J'ai endossé mon haori et me suis promené paresseusement dans la cour de l'école, mais ma tristesse ne semble pas vouloir s'apaiser. Tout le monde étudie. J'ai beau penser que j'aimerais en faire autant, que je voudrais travailler sérieusement, que ce n'est pas ma nature d'être triste, il n'y a rien à faire, je suis plongé dans un abîme de tristesse. Dans mon cœur, tout s'embrouille, à la fois Tôkyô et mon village natal. Je déteste cet examen final que je dois passer, je voudrais rester toute ma vie à l'internat, du moins encore deux ans, je ne veux pas être livré au monde féroce. Je veux étudier le cœur léger comme lorsque tu étais mon aîné et que j'étais en deuxième année. Mais les mois et les jours passent inexorablement. Je grandis petit à petit. Les élèves ne pensent qu'à être diplômés, il n'y en a pas un qui puisse partager mes sentiments.

Maintenant, c'est juste la troisième heure d'étude. T'en souviens-tu ? Le soir, il y avait trois heures d'étude.

À l'internat, tous les élèves sont unis. Cela se passe bien. Il n'y a pas trop de chahut, même au premier étage, et j'en suis fort aise. S'il se passait des choses comme l'année dernière ou cette année, je ne voudrais pas y rester.

Les chrysanthèmes ont fleuri. Il y en a de très grands. Ils sont beaux. J'en ai mis cinq pots dans la chambre et c'est toujours avec plaisir que je les arrose.

XVII

Extrait d'une lettre de Kiyono, datée du 15 mars 1919 :

Pardonne-moi, moi qui suis si pitoyable et si infortuné ! Toi mon ami, mon unique ami, tu es mon maître. Reste longtemps mon ami. Je n'ai plus aucun lien avec personne, ni Hirata, ni les autres. Que deviendrais-je si tu fais comme Hirata ? Je lui ai écrit, il ne m'a jamais répondu. Crois-moi, il n'y a plus qu'une personne avec qui je puisse rester ami, c'est toi. Sois mon ami pour toujours, je suis si misérable ! sois comme un frère. Parmi les camarades que j'ai rencontrés jusqu'ici, pas un seul ne m'a aimé. Il n'y a que toi en qui j'aie eu confiance, il n'y a que toi qui puisses être mon ami. Je ne peux faire confiance qu'à un seul être. Je me désespère à la pensée qu'en ce monde il n'y a que des infidèles. Finalement, je n'ai qu'un ami qui soit mon soutien, mon pilier. Je t'en supplie, aie pitié de moi qui suis si misérable.

J'ai passé mon examen final sans problème ; je ne sais pas encore où je vais aller. Dès que je le saurai, je t'en ferai part.

Cette lettre ne mentionne pas l'adresse de Kiyono. Quant à mon adresse, c'est : lycée n° 1, Waryô, n° 10.

Extrait d'une lettre de Kiyono datée du 8 avril 1919 :

Le 8 mars, après avoir quitté l'internat, je me sentais morose, mais quand j'ai vu les cerisiers en fleur dans la douceur printanière, sur l'autre rive, mon humeur s'est égayée. Une joie nouvelle a jailli du fond de mon être. Le chant de la source, le bruit du vent, tout me réjouit. C'est un bonheur bien plus envahissant que tout ce que j'ai connu jusqu'à présent. Autrefois, ce qui me réconfortait, c'était une silhouette, une photo, la contemplation vague d'un paysage par la fenêtre, mais maintenant, ce qui me donne de la joie est tout à fait différent.

Rien ne m'apporte plus d'exaltation que de me laisser envoûter par le bruit de la source, bercer par la brise entre les pins, absorber par la parole divine. Rien ne m'apporte autant de joie que cela. Comment est-il possible de vivre dans un monde pernicieux, alors qu'il nous est permis de vivre entre ciel et terre dans un tel bonheur ? Pourquoi, moi, descendant de mes aïeux, devrais-je passer mes jours dans le malheur ? J'ai compris la vérité de la révélation. Tout dans le monde est joie. Tout est là pour nous accueillir. Ah ! jusqu'à maintenant, je me suis fait tant de souci pour mes relations amicales. J'ai atteint le sommet du naturel. Chaque être humain est doué d'une destinée qui lui est propre. Je ne peux espérer rien d'autre. Je n'ai plus de désir. Je me laisse aller à mon devenir comme une vague bercée par la nature universelle ; à part cette disposition d'esprit, rien n'existe de valable.

Il n'y a pas un seul être digne de ce nom dans ce monde de chiens, pas un être qui soit sincère. Plus la civilisation devient matérialiste, plus l'homme s'abêtit. Je voudrais être la splendide émanation de l'âme japonaise, afin de ne plus être commandé par ces bêtes que sont les hommes. Rien n'existe en dehors de cela.

Cher ami ! Voilà ce que je suis devenu. J'en suis arrivé au point où j'aimerais détester le monde. Réjouis-t'en.

Les cerisiers d'Arashiyama sont en pleine floraison, mais je n'irai pas les contempler, alors que je suis tout près. Je souffle dans ma flûte, en me laissant aller au courant de l'eau. Voici le chant du rêve :

Hier soir, en rêves accumulés,
je fendais le vide du ciel,
égrenant jours et lunes de mes mains,
je cherchais à contempler l'univers.
Dans le tourbillon cosmique.
royaumes et rois s'entre-déchiraient.
Au plus profond du combat,
le Japon ordonna : « Cessez là ! »
Lorsque j'avançai un peu mon visage,
les quatre mers et les cinq continents se calmèrent.
Le pouvoir divin de Maïtreya était dans ma main.

Voilà qui est bien long ! Si tu as une photo, envoie-la-moi.

L'adresse de Kiyono sur cette lettre était : Temple de Ué-Saga.

Deux ans après, arriva une lettre de lui.

Extrait d'une lettre de Kiyono datée du 24 octobre 1921 :

Je suis heureux d'avoir que tu es en bonne santé. Excuse-moi d'avoir laissé passer tout ce temps.

Après être sorti de l'armée, je suis venu ici, à la cascade. Finalement, je suis devenu le serviteur de dieu. Grâce à lui, j'ai pu connaître l'amour profond, le véritable amour. Je suis fait de telle sorte que je ne peux vivre sans dieu. Aujourd'hui – je ne sais pourquoi – le grand prêtre shintoïste du sanctuaire d'Izumo, qui est chargé d'attribuer les subventions, m'a envoyé une lettre me priant instamment de venir le voir. J'aimerais y aller, non pas pour le remercier de bien vouloir m'accueillir, mais pour accomplir ma mission de serviteur de dieu. Je ne peux m'empêcher de me sentir comme quelqu'un qui aurait reçu un important message. J'espère qu'un jour nous pourrons nous revoir. Mais alors, que sera-t-il advenu de nous deux ?

Écris-tu en ce moment ? As-tu publié des articles dans des revues ? Donne-moi des nouvelles détaillées. Koïzumi est allé à Tôkyô ; c'est une bonne chose. Le jour où vous vous rencontrerez, j'aimerais bien être là moi aussi. C'est dommage que je sois resté longtemps sans connaître ton adresse.

Prospérons dans la voie de dieu !

Cette lettre est adressée à une auberge populaire dans le quartier de Sendaki à Hongô.

J'ai quitté le lycée en 1919. Lorsque j'ai reçu la dernière lettre de Kiyono, en 1921, j'avais vingt-deux ans. C'est à cette époque que j'ai écrit les *Souvenirs de Yugashima*. Deux ans avant – j'avais alors vingt ans – j'étais allé le voir à Saga. Au printemps de ma vingt-troisième année, je travaillais pour la revue *Shinshichô*, que j'avais fondée avec mes camarades. Cette année-là, je voulais me marier avec une jeune fille de seize ans.

Il semble que Kiyono, une fois sorti du collège, ait fait son service militaire. « J'espère qu'un jour nous pourrons nous revoir. Mais alors, que sera-t-il advenu de nous ? » avait écrit Kiyono dans sa dernière lettre. Depuis ma visite à Saga, cela fait trente ans que je ne l'ai pas revu. Mais je ne cesse de lui être reconnaissant.

Voilà ! J'ai écrit *L'Adolescent*. Je vais brûler les vieilles lettres de Kiyono, mon ancien journal, et les *Souvenirs de Yugashima*.

JOURNAL DE MA SEIZIÈME ANNÉE

Le 4 mai.

Il est cinq heures et demi. Je suis rentré du collège. La porte sur la rue est fermée pour éviter les visites. Comme grand-père est couché tout seul, il n'est pas indiqué que les gens entrent. *(À cette époque, grand-père ne voyait plus à cause de la cataracte*[1]*.)*

« Bonjour ! »… Pas de réponse. Alentour, tout est calme. Je me sens seul et triste. Je m'approche à un mètre soixante-dix de son oreille.

« Bonjour !… Salut… C'est moi… me voilà !… »

Puis j'avance un peu plus près ; je suis à un mètre, et dis d'une voix perçante :

« Me voilà ! »

Je ne suis plus qu'à quinze centimètres de sa tête.

« Je suis rentré !

– Oh ! C'est toi ? Depuis ce matin, j'ai envie qu'on me fasse faire pipi. J'attends en gémissant. J'aimerais me tourner vers l'ouest. Est-ce que tu peux m'aider à changer de position ?

– Voilà ! Soulève-toi un peu…

– Ça va comme ça. Remets la couverture en place.

– Mais tu n'es pas bien. Essayons encore une fois.

1. Les phrases entre parenthèses sont les explications ajoutées par l'auteur à l'âge de vingt-sept ans.

– Bon… (*Ici, il y a sept caractères illisibles.*) Je ne me sens toujours pas bien… Ah ! voilà !… maintenant, ça peut aller. Est-ce que le thé est prêt ? Attends un peu… aide-moi d'abord à faire pipi.

– Oh là ! pas tout en même temps !

– Oui, je sais, mais il faut quand même que je te prévienne… »

Un moment après :

« Mon petit Bon-Bon, mon petit Toyomasa !… »

Sa voix est sans force, comme si elle sortait de la bouche d'un mourant.

« Tu ne pourrais pas me faire faire pipi ? »

Immobile, il a du mal à appeler de son lit de malade.

« Comment je dois m'y prendre ?

– Apporte-moi l'urinoir et mets-y mon machin… »

Je suis obligé de le découvrir par-devant et de faire à contrecœur ce qu'il me demande.

« Est-ce que c'est bien dedans ?… Ça y est… j'y vais. »

Il ne sent presque plus son corps.

« Oh, là là ! J'ai mal, j'ai mal ! »

Il souffre quand il urine.

J'entends bientôt, mêlé à ses incessants soupirs de douleur, comme le bruit cristallin de l'eau de la rivière.

« Oh ! que j'ai mal ! Que j'ai mal ! »

Je me mets à pleurer en écoutant cette voix lasse de souffrir.

Le thé est prêt. Je lui en fais boire. Gorgée après gorgée. C'est du thé vert ordinaire. Son visage est osseux, et ses cheveux blancs sont clairsemés. Ses mains tremblantes n'ont que la peau sur les os. À chaque goulée, on voit sa pomme d'Adam remuer. Il en boit trois tasses.

« Ah ! c'est bon, c'est bon ! »

Il fait claquer sa langue. «…Maintenant, je me sens mieux… Hé ! je t'ai dit d'acheter du thé de bonne qualité, mais tu sais… si on en boit trop, c'est du poison… Il vaut mieux prendre du thé vert. »

Un moment après :

« As-tu envoyé la carte postale à Tsunoé ? (*C'était le village de la sœur cadette de mon grand-père.*)

– Oui, ce matin…

– Ah, bon !… »

Grand-père semble oppressé par l'appréhension de « ce qui va arriver », ou bien pense-t-il à cette histoire de « Bête » ?

(*Il m'avait fait envoyer une carte à sa sœur cadette dont il n'avait aucune nouvelle, pour lui demander de venir. Il se rendait peut-être compte qu'il allait mourir et cela l'effrayait.*)

Je regarde fixement son visage blême. J'entends un bruit :

« O-Miyo, c'est toi ?

– Oui !

– Qu'est-ce que tu fais ? »

Assis à la table, une angoisse me saisit. Je me retourne et me trouve face à O-Miyo.

(*À cette époque, j'avais placé une grande table au milieu du salon. Celle qu'on appelait O-Miyo était une paysanne d'une cinquantaine d'années. Elle faisait chaque jour le trajet de chez elle à la maison, pour venir cuire le riz et préparer diverses choses.*)

« Bien sûr !… le vieux… il a soixante-quinze ans et il est toujours couché… mais quand même, ça fait trente jours qu'il n'est pas allé à la selle… et pourtant, je ne lui donne que de bonnes choses à manger… il m'a demandé de venir. Je lui ai dit : "Pépé !… tu es vieux… ça ne va pas très vite… c'est la maladie du grand âge…" »

Nous poussons tous deux un profond soupir. Puis O-Miyo continue :

« Je lui ai dit que si on mange bien et qu'on ne va

pas à la selle, c'est qu'on a une bête dans le ventre qui, elle, sait se nourrir ! Tant que les aliments passent dans la gorge, on peut manger, et même plus qu'avant. Cette bête, elle aime bien le saké ! Je me demande ce qu'on peut faire ! Il paraît que si on montre au malade des images saintes et qu'on brûle de l'encens au milieu de la pièce en témoignage de reconnaissance, la Bête est possédée par le démon et perd la notion du temps. Après, plus rien de mauvais ne peut arriver. Ou bien, si un morceau de bonite reste coincé dans la gorge du malade, ou si on lui donne un peu de sushis par petites bouchées et que la pomme d'Adam ne veut pas bouger, il faut supplier Inari[1] de prendre la forme d'une sorcière et de la faire remuer, cette pomme d'Adam ! Alors, on peut se remettre à manger et à boire. Est-ce qu'il est possible de se fier à toutes ces croyances ? »

Assis juste en face d'elle, je n'ai pas le courage de lui dire que ce qu'elle me raconte n'est que superstition. Soudain, je me sens perdu, comme oppressé par une angoisse insolite.

« Il m'a dit de rentrer chez moi à Itsukaichi et de revenir le voir. J'ai pensé qu'il serait peut-être déjà mort, mais non... ça ne va pas si vite avec les vieux ! Ou bien c'est la maladie de l'âge, ou bien il est envoûté ! Trente jours, et pas une seule fois à la selle... voilà pourquoi je suis venue.

«... Quand vous rentrez de l'école, il faut (*tout de suite*) faire brûler un rouleau d'encens. C'est comme ça qu'on faisait autrefois dans les bonnes familles, elle (*la Bête*) ne peut pas supporter ça. Bien que ce soit inexplicable, elle peut faire beaucoup de misère aux hommes. Si elle réclame de bonnes choses à manger, il faut les lui donner aussitôt... et si vous alliez chercher une

1. Personnage mythique qui se présente sous la forme d'un renard et qui peut jouer des bons comme des mauvais tours.

grande épée ? Il faudrait la retirer de son fourreau et la glisser sous la couverture.

– Tu crois que ça peut faire quelque chose ?

– Ça !… peut-être bien !… »

Je vais près de l'oreiller.

« Grand-père ! une lettre est arrivée d'un certain Kanô du village de Onokawa !… Est-ce que tu lui as emprunté de l'argent ?

– Oui.

– Quand ?

– Il y a sept ou huit ans !

– Ah bon ! »

(*Je découvrais petit à petit que grand-père avait emprunté de l'argent un peu partout.*)

« Oh, ça… ! Ça ne me regarde pas », dit O-Miyo. (*Il avait discuté de cette affaire d'argent avec elle.*)

Pour le dîner, on lui donne des norimaki. Mais faut-il vraiment les offrir à la Bête ? Tiens… sa pomme d'Adam a bougé ! Que de bêtises pour faire entrer quelque chose dans la bouche d'un homme ! Pourtant, cette petite phrase : « C'est la Bête qui va le manger », reste gravée dans mon esprit : je n'arrive pas à l'oublier. J'en ris encore quand je pense que je suis allé chercher une épée dans la réserve, l'ai brandie au-dessus du lit, puis l'ai glissée sous la couverture. O-Miyo m'a regardé gravement pourfendre l'air de la pièce afin d'en chasser les mauvais esprits.

Je me suis mis à côté du lit en criant :

« Allez ! partez !… »

Si un enfant m'avait vu, il aurait bien ri !

Il commence à faire sombre dans la chambre. J'entends un mince filet de voix appeler : « O-Miyo ! O-Miyo !… O-Miyo !… » Plongé dans ma lecture, j'écoute le bruit des pas d'O-Miyo qui va aider grand-père.

Ça y est, elle est partie, elle va rentrer chez elle. J'apporte le thé.

« Tiens ! une gorgée… c'est bien… encore une gorgée ! »

Sa pomme d'Adam s'est mise à rouler sous sa peau. La Bête va-t-elle boire le thé ? Quelle bêtise ! Peut-il vraiment exister des choses aussi étranges, alors qu'on est en troisième année de collège ?

« Ah ! Que c'est bon ! Voilà du bon thé… léger… c'est mieux… s'il a trop de goût, ce n'est pas bien… Ah ! que c'est bon… et mon tabac ? »

J'approche la lampe de ses yeux. Il soulève légèrement ses paupières.

« Qu'est-ce que c'est ? » me demande-t-il en ouvrant les yeux, ces yeux dont je pensais qu'ils ne pourraient plus jamais s'ouvrir. Il est heureux comme si un rayon de lumière était venu éclairer son monde de ténèbres. (*Je ne pensais pas que la maladie de grand-père eût pu guérir. À cette époque, ses paupières étaient bloquées et je me demandais s'il allait mourir ainsi.*)

Tout en continuant à écrire, je réfléchis à diverses choses. Cette façon de brandir mon épée en la faisant tournoyer était vraiment ridicule. Mais la phrase : « C'est la Bête dans le ventre qui se régale », reste gravée dans ma tête. J'ai l'esprit clair et je suis parfaitement conscient. Je sais que cette histoire de Bête qui vous ensorcelle n'est pas vraie.

Il est environ dix heures. O-Miyo vient faire uriner grand-père.

« J'aimerais changer de position. Maintenant, je suis tourné vers où ?… Ah, oui !… vers l'est !…

– Je vais vous mettre de l'autre côté.

– Mmmmm…

– Encore un coup ! dit O-Miyo.

– Oh ! fait-il d'une voix plaintive. Est-ce que maintenant je suis bien face à l'ouest ?

– Allez ! reposez-vous un peu. Je vais rentrer. J'ai fini mon travail. »

O-Miyo s'en va un peu après.

Le 5 mai.

C'est le matin. Les moineaux commencent à chanter. O-Miyo arrive.

« Ah bon ? Vous vous êtes levé deux fois pour lui faire faire pipi, à minuit et à trois heures ? Un garçon si jeune… quelle misère… et quel dévouement pour votre grand-père… O-Kiku (*c'était la belle-fille d'O-Miyo qui venait d'avoir son premier enfant*) sait maintenant ce que c'est de mettre au monde un enfant, mais elle ne sait pas encore ce que c'est de l'élever. Une fois l'enfant né, on ne s'arrête plus. »

M'entendre dire que je suis gentil avec grand-père me fait très plaisir.

Je pars pour l'école. « L'école, c'est mon paradis », cela veut dire que c'est ce qui convient le mieux à ma situation familiale.

Il est six heures. Voilà O-Miyo qui arrive.

«… Pourtant, je suis allée prier au temple… mais c'est toujours pareil… je n'y comprends rien… la Bête ne mollit pas. À force de l'asticoter, on finira bien par la faire sortir. En plus, c'est la maladie de l'âge. Ça prend du temps, mais le corps finit par perdre ses forces… »

« Finit par perdre ses forces… », ces mots me martèlent la tête à coups répétés.

« Tu crois ? dis-je en retenant mon souffle.

– Les remontrances d'Inari sont justes : on a exagéré ces temps-ci. On lui a donné trop à manger et à boire. Vous comprenez, Bon-Bon, maintenant que vous êtes grand. »

Je trouve bizarre qu'Inari se préoccupe ainsi de la santé d'un malade. Je commence à me demander si ces superstitions ont une quelconque valeur.

La fumée du rouleau d'encens acheté avec les

quelques sous qui restaient à la maison monte, translucide, au bout du lit, à côté de l'oreiller.

« Quand l'été commencera, il va souffrir, dit O-Miyo.

– Pourquoi ?

– Les paysans vont être occupés aux champs, et moi je ne serai pas là. Tel qu'il est maintenant, il vaudrait mieux mettre un brasero à côté de son lit. »

Je suis en train d'écrire ces cent pages, mais lorsque j'aurai terminé, comment ira grand-père qui est déjà dans un état si lamentable ? (*J'avais préparé cent pages de copie, et je comptais bien en écrire autant. J'étais inquiet à la pensée que peut-être grand-père mourrait avant que je n'arrive au bout. Il devait m'aider à aller jusqu'à la centième page. Voilà en quelque sorte l'état d'esprit dans lequel je me trouvais. Mais comme grand-père semblait être à la dernière extrémité, je voulais au moins conserver son image dans ce journal.*)

Pendant un moment, ses propos sont devenus incohérents. Cette histoire de Bête qui vous envoûte, est-ce vraiment de la superstition ?

Le 8 mai.

« Bon-Bon est-il parti à l'école ? demande grand-père à O-Miyo.

– Mais non… Il est six heures du soir !

– Ah bon ? Hahahahaha… », fait-il en riant de sa voix triste.

Pour le dîner, on lui met dans la bouche deux norimaki qu'il avale tout entiers.

Alors que je suis dans mon bain, ce qui ne m'arrive pas souvent, je l'entends demander :

« Je n'ai pas trop mangé ? »

Puis, un moment après :

« Il est encore trop tôt… mais j'ai l'estomac vide…

– Quoi ? Je viens de vous donner à dîner.

– Ah ? »

Ensuite, plus rien… et à nouveau, sa voix nostalgique. Dans mon bain, je me sens complètement abattu.

Le soir, dans la maison, on n'entend que le bruit de l'horloge et celui de la mèche de la lampe à huile.

Venant de la chambre située à l'arrière et plongée dans l'obscurité, soudain la voix de grand-père :

« J'ai mal ! J'ai mal ! Oh ! que j'ai mal… »

Puis, plus rien. Tout redevient calme.

De nouveau :

« Oh ! que j'ai mal !… »

C'est une voix brève et douloureuse que je dois supporter sans répit, jusqu'à ce que je m'endorme. Au fond de moi-même, j'entends ces mots qui martèlent ma cervelle : « Ça prend du temps, mais le corps finit par perdre ses forces. »

Grand-père redresse un peu la tête ; il reprend conscience et veille à ne pas trop manger.

Mais jour après jour, son corps…

Le 7 mai.

Hier, j'ai été réveillé une fois pour lui faire faire pipi, une fois pour le changer de côté, et deux fois pour lui donner du thé. Il m'a grondé : « Tu ne pourrais pas te lever plus vite ? Je vais étouffer à force de crier. » Je m'étais couché, mais, à minuit, impossible de me réveiller.

Je me plains à O-Miyo en lui racontant ça quand elle arrive.

« Quel dommage ! Si j'avais pu me débarrasser de mon mal de tête, je serais restée chez vous jusqu'à minuit. À midi, j'étais là, et après, je suis revenue toutes les deux heures, parce qu'il n'a pas arrêté de se lamenter.

– La nuit dernière, il m'a réveillé avec ses propos insensés auxquels je n'ai rien compris. Je me suis mis en colère, je l'ai attrapé, puis j'ai réfléchi. J'ai pleuré. Il est si malheureux. »

Je m'apprête à aller à l'école. Grand-père me demande :

« Quand est-ce que j'irai mieux ? »

Sa voix est teintée d'un filet d'espoir, alors que jusqu'à neuf heures il semblait désespéré.

« Ça ira mieux quand le temps sera plus stable.

– Merci de t'occuper si bien de moi. Pardonne-moi. J'ai vu en rêve la grande déesse d'Isé, ainsi que tous les dieux assemblés au-dessus de notre maison.

– C'est bien de croire en la grande déesse.

– J'ai entendu sa voix. N'est-ce pas une bénédiction ? Bouddha et les dieux ne m'ont pas abandonné. C'est normal, n'est-ce pas ? » dit-il d'une voix satisfaite.

Quand je suis rentré de l'école, la porte d'entrée était ouverte. J'ai dit trois fois :

« Me voilà !

– C'est toi, Bon-Bon ? Est-ce que tu peux me faire faire pipi ?

– Ah ! »

C'est la tâche que je déteste le plus. Après le repas, je retourne son matelas et lui donne l'urinoir. Dix minutes se passent, mais rien ne vient. J'attends. Je prononce des mots d'impatience, de dégoût. Je ne peux pas m'en empêcher. Grand-père s'excuse calmement. Je comprends à quel point il est faible. Chaque jour, j'observe son visage assombri par l'ombre livide de la mort. Je suis honteux.

« J'ai mal ! j'ai mal ! Oh, là, là ! »

Sa voix fluette et aiguë me glace, puis on entend un léger bruit clair et perlé.

En fouillant dans le tiroir de la table, j'ai trouvé : « De l'importance de la géomancie dans la construction d'une maison ». C'est un livre que grand-père s'est amusé à dicter, et qu'il a annoté de la façon suivante : « Cet ouvrage traite de géomancie. Il a été écrit sous ma dictée par un jeune homme habitant le village voisin, mon disciple et étudiant en divination et en géomancie. » Grand-père a fait tout ce qu'il a pu pour le faire publier. Il en a même parlé à Toyokawa (un riche personnage d'Osaka) mais ces feuillets sans valeur ont finalement été relégués dans le tiroir du bureau. Bien qu'il ait poursuivi inlassablement le même objectif toute sa vie, ses tentatives se sont toujours soldées par des échecs. Que peut-il bien penser? Malgré ces revers, il a vécu jusqu'à soixante-quinze ans. Il a le cœur solide, c'est ce qui explique sa résistance et sa longévité. Quel que puisse être le fils ou le petit-fils qui va vous succéder, comment ne pas se sentir seul lorsqu'on n'a aucun interlocuteur et qu'on est privé de l'ouïe et de la vue? Il doit sûrement penser qu'il est abandonné et éprouver l'infinie tristesse de la solitude. Voilà quel est son sort. L'expression : « Il a vécu dans le chagrin et les pleurs » est très bien adaptée à son cas.

(La divination et la géomancie pratiquées par grand-père s'étant révélées assez efficaces, il en avait acquis une certaine notoriété. On venait de loin pour le consulter. Je crois que s'il avait réussi à publier son livre, il aurait été sauvé du désastre. Je me souviens qu'à l'époque je ne savais pas trop si je devais croire à ses pratiques divinatoires. Moi qui étais alors en troisième année de collège et vivais à la campagne, il ne m'était même pas venu à l'idée de consulter un médecin pour mon grand-père qui, depuis trente jours, n'était pas allé à la selle. J'étais persuadé, comme le voulait la superstition, qu'il avait dans le ventre une « Bête » ensorceleuse et qu'il fallait voir là un des maléfices d'Inari. Malgré tout le ridicule de cette histoire, je n'arrive toutefois pas à en rire quand j'y repense.

« D'autre part, à propos d'une affaire concernant le temple, grand-père avait fait la connaissance de Toyokawa, un riche personnage d'Osaka. Dans notre village, il y avait un couvent de nonnes. Mon ancêtre avait fait construire le temple, et les bois, les forêts et les champs alentour portaient notre nom. Les nonnes étaient inscrites sur notre registre familial. Le temple était dédié au bodhisattva Kokuzô, de la secte de l'Obaku. Chaque année, au jour dit de la « célébration de la treizième année », de nombreux jeunes de treize ans arrivaient des environs et des villages voisins. Juste à cette époque, un vénérable bonze qui vivait retiré à la montagne dans un temple célèbre, à quatre kilomètres environ de notre village, avait été affecté à notre temple. Mon grand-père en était si reconnaissant qu'il avait rayé les nonnes de notre registre et les avait intégrées dans le cadre des possessions du temple. Celui-ci avait été magnifiquement restauré et avait même changé de nom. Pendant les travaux, nous avions gardé chez nous les statues de Kokuzô et de cinq ou six autre bodhisattvas. Grâce à eux, des tatamis neufs embaumaient notre salon où, faute d'argent, nous avions placé un tapis de paille aux dimensions de la pièce. Celui qui avait fait nommer ce bonze, qui avait reconstruit le temple et installé les tatamis chez nous, c'était Toyokawa, cet homme fort riche.)

Parfois, le bon cœur de grand-père se manifeste. Ce matin, O-Miyo nous a dit :

« Ils sont venus à trente familles pour fêter la naissance de mon petit-fils, d'endroits que je ne connaissais même pas. J'avais fait des galettes, mais il n'y en a pas eu assez. J'ai dû en refaire.

– Oh, là, là ! Trente familles ? Tu veux dire que dans ce village qui ne compte même pas cinquante familles, il y en a trente qui se sont précipitées chez toi pour te féliciter ? »

Alors, la voix plaintive de grand-père a fait place aux larmes et il s'est mis à pleurer.

(Grand-père était heureux qu'O-Miyo, cette paysanne si pauvre et laborieuse, ait pu recevoir les félicitations de tant de personnes.)

O-Miyo trouve regrettable que je doive m'occuper de grand-père. Vers huit heures, alors qu'elle s'apprêtait à rentrer chez elle, il lui a dit :

« J'ai envie de faire pipi !

– Bon ! Alors, je reviens dans un moment…

– Oui, c'est ça… viens quand tu voudras, je serai là… », ai-je répondu, hésitant.

Le 8 mai.

Le jour se lève. J'attends O-Miyo. La nuit dernière, grand-père m'a reproché mon manque de gentillesse et m'a exprimé son mécontentement. Ai-je été méchant ? Il m'a fait lever plusieurs fois dans la nuit, et ça m'a exaspéré. J'ai horreur de le faire uriner. O-Miyo m'a dit :

« Il n'est jamais content. Il ne pense qu'à lui et pas du tout à ceux qui s'occupent de lui, comme si on n'avait que ça à faire et qu'on se trouvait entraîné avec lui vers son destin fatal. »

Ce matin, je suis même allé jusqu'à penser que je ne m'occuperais plus du tout de lui. Chaque jour, avant de partir à l'école, je demande s'il n'y a pas quelque chose à faire, mais aujourd'hui, je suis sorti sans rien dire. À mon retour, j'ai regretté d'avoir agi ainsi.

O-Miyo m'a dit :

« Nous avons parlé du temps où il pratiquait la géomancie. Il se souvient vaguement qu'à l'époque il avalait tout en deux bouchées et pouvait boire sans s'arrêter. »

En l'écoutant, j'ai pensé à cette « Bête » qui boit et mange dans le ventre de grand-père.

Après dîner, il a fait cette réflexion :

« Je me sens bien calme, car nous avons parlé de souvenirs qui me sont chers. »

Bien calme peut-être… mais ridicule !

« Avec ce qu'il a comme misères, je me demande comment il peut se sentir calme ! » a répliqué O-Miyo en riant.

Alors que j'étais en train de réfléchir à cette remarque, voilà qu'il demande :

« Est-ce que tu pourrais me donner juste un peu à manger ?

– Mais, tu viens de manger !

– Ah, bon ? Je ne savais pas. J'ai oublié. »

Je suis effondré de tristesse. Ses paroles deviennent de jour en jour plus inaudibles. Il répète plus de dix fois la même chose.

J'étale mes feuilles de papier devant moi. Je suis à mon bureau, et O-Miyo est assise sur le tatami. Tous deux, nous sommes prêts à écouter ses souvenirs qui lui sont si chers.

(J'ai voulu noter tels quels les propos de grand-père :)

« Vous connaissez le sceau de Bon-Bon dont il se sert à la banque ? Eh bien moi, je n'ai jamais su ce que c'était que d'avoir un sceau. Je n'ai eu que des pertes. J'ai dilapidé la fortune de mes ancêtres. Malgré ça, je suis toujours resté fier, toute ma vie. Ah ! si seulement j'avais pu rencontrer Okuma Shigenobu ! Comme j'aurais été intimidé, assis, devant lui, sur les tatamis ! Ah ! les dix-sept hectares de champs de Matsuo, j'ai tant espéré les racheter de mon vivant pour les rendre à Bon-Bon, mais il n'y a rien eu à faire. »

(Mon grand-père s'était lancé déjà très jeune dans toutes sortes d'entreprises, comme la culture du thé, la fabrication d'agar-agar, mais chaque fois c'était un échec. Il s'intéressait aussi à la géomancie, réparait,

détruisait, construisait des maisons, et finissait par vendre petit à petit collines et champs pour trois fois rien. Une partie de ces terrains tomba entre les mains d'un marchand de saké, nommé Matsuo, riche promoteur de Nada, et grand-père espéra toujours retrouver cette partie de notre fortune.)

« Je voulais absolument rendre à Bon-Bon une douzaine d'hectares de ces champs, pour qu'il soit à l'abri du besoin, s'il ne réussissait pas à l'Université. Il est vraiment regrettable qu'il ait été pris en charge par les Shimagi (*la famille de son oncle*), et les Ikeda (*la famille de sa tante*). J'ai souvent dit au bonze Go-Zen que ce serait bien si Bon-Bon pouvait garder notre maison de famille et posséder ces terres. Si seulement il pouvait être riche, il n'aurait pas à gagner sa vie à la sueur de son front. Moi qui nourrissais tous ces espoirs, j'ai été tellement triste de le voir partir à Tôkyô. Mais cela ne servait à rien de se lamenter. Si j'agissais vite, je pouvais faire de Bon-Bon un propriétaire terrien pour le restant de ses jours, et il n'aurait pas besoin d'être le protégé de quiconque. Si seulement j'avais été plus lucide, je serais allé voir Okuma ! Ça aurait été facile ! J'avais parlé de ce voyage au bonze Jikô, principal du temple entretenu par les familles du village, mais on m'a traité de fou parce que je voulais me rendre à Tôkyô. »

(*Grand-père désirait aller à Tôkyô pour rencontrer Okuma Shigenobu, dans un but très précis. Il avait des connaissances en pharmacopée chinoise. De plus, mon père était médecin, diplômé de la faculté de Médecine de Tôkyô. Grand-père, qui connaissait un peu la médecine occidentale, mélangeait ces notions avec celles qu'il avait de la médecine chinoise, et pendant quelque temps, il expérimenta sa science sur les paysans du village en leur prescrivant des remèdes. Il avait confiance en ses connaissances médicales. La dysenterie, très répandue à l'époque, lui avait donné l'occasion de renforcer encore ce sentiment. C'était pendant l'été où nous gardions dans notre salon les statues des bodhisattvas. Le temple habité par les nonnes dont j'ai parlé plus haut était en cours de restauration. Parmi les quelque cinquante foyers que comptait notre village, une personne par famille en moyenne souffrait de dysenterie. On avait construit à la hâte deux dispensaires pour isoler ces malades. Jusque dans les champs, on pouvait sentir l'odeur des désinfectants. Certains villageois prétendaient que cette situation était due au fait qu'on avait déplacé l'antique Bouddha. Parfois, grand-père administrait à des malades complètement isolés des médicaments qui avaient quelque effet curatif. Certains malades dans les dispensaires jetaient même les médicaments qu'on leur donnait pour prendre ceux de grand-père. Quant aux personnes sorties du dispensaire, grand-père les suivait et leur prescrivait des remèdes. On ne savait pas s'ils avaient quelque valeur médicale, mais on ne pouvait nier qu'ils avaient un effet inhabituel et positif. Grand-père voulut alors étendre leur diffusion. Il fit rédiger un rapport sur sa propre technique pharmaceutique et finit par obtenir du ministère de l'Intérieur la permission de vendre trois ou quatre de ses médicaments. Il fit imprimer cinq ou six mille sachets en papier avec une inscription du genre : « Ryûdô, Higashi Murayama », mais la fabrication ne suivit pas. Jusqu'à sa mort, grand-père garda cette idée en tête. Il était sûr que s'il s'était adressé à une personnalité qu'il respectait, comme Okuma Shigenobu, celui-ci l'aurait sauvé. À part cette histoire de médicaments, il voulait publier un livre intitulé :* De l'importance de la géomancie dans la construction d'une maison.)

« Notre famille remonte à l'époque de Hôjô Yâsutoki. Elle dure depuis sept cents ans, durera toujours, et avec le temps elle retrouvera son ancienne grandeur.

– Quel long discours ! Dire qu'il est encore capable de parler comme ça ! » remarque O-Miyo en riant.

« Ah ! si seulement tu n'avais pas été pris en charge par les Ikeda et les Shimagi de mon vivant ! Je ne pensais pas qu'on en arriverait là ! Quand je réfléchis à tout ça, O-Miyo, que c'est triste ! Vous m'avez bien écouté ? C'est ça ce que je pense au fond de mon cœur. »

O-Miyo, qui jusqu'ici souriait, se tord maintenant de rire. Moi, je continue à noter les paroles de grand-père :

« Je me sens si faible quand je soupire. S'il s'était agi de deux ou trois mille yens, on aurait pu les obtenir, mais cent vingt ou cent trente mille yens ? C'est une somme impossible à demander. Puisque je n'ai pas pu me déplacer, Okuma aurait pu peut-être venir ici. Est-ce que ça aurait été ridicule ? Ne riez pas comme ça. Ne me prenez pas pour un imbécile. On ne peut pas faire l'impossible. Pourtant, il faut que j'y arrive. Si je n'y arrive pas, c'en est fini de la famille de sept cents ans.

– Mais Bon-Bon est là pour vous soigner. Ce n'est pas la peine de vous énerver avec ces histoires complètement insensées.

– Est-ce que je suis un imbécile ? Si seulement j'avais eu de la chance, je voulais tant rencontrer Okuma. Plus tard, je n'ai fait que décliner. Même si je devenais Bouddha, je suis sûr que je garderais cet unique désir au fond du cœur. Vous pensez peut-être que je suis un imbécile. Oh ! est-ce que tu ne voudrais pas me faire faire pipi ? Si personne ne m'aide, je suis perdu, alors, il vaut mieux que je meure. »

Complètement effondré, je note, imperturbable, chaque mot, l'air gêné. O-Miyo ne rit plus. Elle écoute en se tenant le menton.

« Si j'allais à Tôkyô, faible comme je suis, cela ne pourrait m'attirer que des ennuis. Ah ! Namu Amida Butsu ! Si je n'y arrive pas, je suis perdu et il vaut mieux que je meure. On se moque de moi quand je raconte des vieilles histoires. Je ne veux plus vivre dans cette société. Namu Amida Butsu ! Namu Amida Butsu ! »

Je vois la lumière qui faiblit.

« Oh là ! Oh là ! » Sa voix douloureuse est de plus en plus aiguë. « On ne peut pas vivre longtemps en ce monde avec seulement des projets irréalisables. Celui qui a vécu cinquante ans avec une seule idée en tête, c'est Okuma Shigenobu. *(Il était alors Premier ministre.)* Quel dommage qu'il n'ait pas pu m'aider ! »

O-Miyo dit quelques mots de consolation :

« Bien sûr ! C'est de la malchance ! Mais Bon-Bon va faire son chemin dans le monde. Il réussira. C'est bien, non ?

– Quand il se frottera au monde, il comprendra ce que c'est que la renommée ! »

Soudain, il me fixe des yeux en élevant la voix. Il est complètement sénile.

« Je ne peux pas dire que j'aime les gens qui ont de l'argent. Regardez Matsuo et Katayama. C'est la seule chose qu'ils respectent. Que Bouddha me protège ! »

(Matsuo, c'était ce marchand de saké qui s'était lancé dans le bâtiment, et Katayama était quelqu'un de la famille qui s'était mis à faire des transactions immobilières.)

La longue barbe de grand-père a des reflets argentés à la lumière de la lampe.

« Sur cette terre, il ne faut s'attacher à rien. Le monde de l'au-delà est bien plus important que celui-ci, mais ce n'est pas avec des projets ratés qu'on peut entrer au paradis.

– Depuis un moment, il m'envoie chercher le Supérieur du temple de Nishikata, mais on répond chaque fois qu'il est absent… voilà la raison de sa mauvaise humeur ! » me dit O-Miyo, profitant d'une pause de grand-père pour m'expliquer pourquoi il est si fâché.

Je compatis. Moi aussi, je suis en colère. À quoi bon se laisser abuser !

« Et dire que toi, parmi tous ces hommes, tu n'as même pas encore terminé le collège ! »

Ce matin, grand-père m'a jeté un regard bête et méprisant.

On le change de côté. J'ouvre mon manuel d'anglais pour l'examen de demain. J'ai l'impression que je vis confiné dans un cube. Ce soir, la voix de grand-père n'est déjà plus de ce monde. Après le départ d'O-Miyo, je lui parle de mon avenir, avec l'espoir que cela pourra le soulager.

La nuit est déjà bien avancée.

« C'est très difficile de décider de ce qu'on va faire plus tard dans la vie ! dit-il soudain d'une voix caverneuse.

– Oui, c'est très difficile. »

Le 10 mai.

C'est le matin.

« Est-ce que le Supérieur du temple est passé ?

– Non !

– Ce vénérable bonze n'est même pas venu me voir une seule fois. Avant, il passait tous les jours. J'aimerais qu'il me voie. Je n'ai pas tellement changé. On ne change pas comme ça si vite ! Si seulement je pouvais le rencontrer une fois pour bavarder avec lui, cela me ferait du bien ! »

Sa façon de détacher les mots exprime sa certitude.

« J'aimerais tant rencontrer le Vénérable ! »

Quant à moi, je murmure :

« Mais qu'advient-il de ceux qui veulent absolument le voir ? »

Le 14 mai.

Je suis réveillé par la voix de grand-père qui appelle :

« O-Miyo ! O-Miyo ! O-Miyo !…

– Qu'est-ce qu'il y a ? dis-je en me levant.

– Est-ce qu'O-Miyo est arrivée ?

– Pas encore. Il n'est que deux heures du matin.

– Ah bon ! »

Jusqu'à ce qu'il fasse jour, il ne s'est pas passé cinq minutes sans que grand-père appelle O-Miyo. Je l'écoute comme dans un rêve. O-Miyo est arrivée vers cinq heures.

Quand je suis rentré de l'école, il était dix-sept heures.

« Aujourd'hui, il n'a fait que dire des bêtises. Je ne l'ai pas quitté une minute, je lui ai fait faire pipi, je l'ai retourné. Je lui ai donné du thé, des cigarettes. Je n'ai pas encore pu rentrer chez moi, me dit O-Miyo.

– Si seulement on pouvait consulter un médecin ! »

Voilà longtemps que je pense à ça. Nous avons assez d'argent pour faire venir un bon médecin. Mais comme grand-père ne veut pas, il ne se laissera pas examiner. Il se mettra en colère, l'insultera, et nous serons bien ennuyés. Voilà ce qui m'inquiète.

Ce matin, il m'a demandé :

« Un docteur… est-ce que ça coupe aussi les ongles ? »

C'est le soir.

« O-Miyo ! O-Miyo ! O-Miyo ! »

J'écoute cette voix qui arrive doucement jusqu'à mes oreilles, sans vraiment y prêter attention.

« Qu'est-ce qu'il y a ?

– Est-ce qu'O-Miyo peut me donner mon petit déjeuner ?

– Mais tu viens tout juste de dîner. Ça ne fait même pas une heure. »

Grand-père a l'air extrêmement abattu. Est-ce qu'il a compris ?

« Peux-tu me retourner ? »

Il me dit quelque chose à plusieurs reprises, mais je n'y comprends rien. Je lui fais répéter, mais il ne veut pas me répondre. Je suis complètement désespéré.

« Est-ce que tu veux du thé ?

– Ah ! ce thé ? Il est tiède. Il est même tout refroidi. Qu'est-ce que c'est que ce thé-là ? »

Sa voix est pitoyable.

« Comme tu voudras ! » dis-je, puis je me tais et quitte son chevet.

Un moment après :

« O-Miyo ! O-Miyo ! »

Il ne prononce plus mon nom.

« Qu'est-ce qu'il y a ?

– Aujourd'hui, est-ce que tu as rencontré Eikichi en allant chez les Ikeda. *(Il s'agit de la famille de ma tante qui habitait à une dizaine de kilomètres.)*

– Mais je ne suis pas allé chez les Ikeda.

– Ah bon ? Mais alors, où as-tu été ?

– Nulle part.

– Comme c'est curieux ! »

Pour quelle raison m'a-t-il dit ça ? Voilà qui est étrange. Je suis en train d'écrire ma rédaction.

Il recommence :

« O-Miyo ! O-Miyo ! O-Miyo ! crie-t-il d'une voix pointue en ayant du mal à respirer.

– Qu'est-ce qu'il y a ?

– Veux-tu me faire faire pipi ?

– Mais O-Miyo est partie. Il est plus de dix heures du soir.

– Est-ce qu'on va me donner à manger ? »

Je suis désemparé.

Mon grand-père est comme un vieux kimono usagé tout défraîchi et plein de gros plis. Sa peau est dépourvue de toute élasticité. Quand on lui pince la chair, elle reste telle quelle. Je ne sais plus que faire. Aujourd'hui, il ne me dit que des choses qui m'énervent. Son visage a l'air de plus en plus inquiétant.

Le 15 mai.

O-Miyo étant occupée pendant quatre ou cinq jours à partir d'aujourd'hui, c'est la vieille O-Tsuné qui est venue *(c'était une voisine âgée que nous connaissions bien)*.

À mon retour de l'école, je lui ai dit :

« J'espère qu'il n'a pas dit trop de bêtises !

– Non, pas du tout. Quand je lui ai demandé s'il avait besoin de quelque chose, il m'a répondu qu'il voulait faire pipi. Il a été très sage. »

Cette réponse réservée me paraît des plus gentilles.

Aujourd'hui, on dirait qu'il souffre beaucoup, malgré tout ce qu'on essaye de faire pour le soulager.

« Oh là, là ! Oh, là là ! » Il répète sans cesse des choses incompréhensibles, et on ne sait pas s'il veut parler ou s'il étouffe. Ses gémissements intermittents résonnent dans ma tête, et je ressens une lassitude, comme si ma vie s'effritait chaque minute un peu plus.

« Hé là ! Hé là !... O-Miyo ! O-Miyo ! O-Miyo ! viens... Ah, là, là ! Ah, là, là !

– Qu'est-ce qu'il y a ?

– Je vais faire pipi... vite, vite !

– Voilà, j'arrive ! »

Je suis resté à peu près cinq minutes à lui tenir l'urinoir.

« Voilà, je fais pipi ! »

Il ne sent plus rien. Je suis désolé de ne rien pouvoir faire.

Aujourd'hui, il a de la fièvre. Une sorte d'odeur désagréable se dégage de lui. Assis à mon bureau, je lis.

J'écoute sa voix lancinante et fluette. C'est une nuit pluvieuse du mois de mai.

Le 16 mai.

Vers cinq heures, en fin d'après-midi, Shirô Hyôe est venu nous rendre visite. *(C'était un vieux cadet de famille. En fait, il n'avait droit qu'au nom, n'ayant plus aucun lien de sang avec la branche aînée. Il n'était pas particulièrement intime avec mon grand-père.)* Il lui a dit toutes sortes de choses pour le réconforter et grand-père a seulement répondu : « Mmm… Mmmm… »

Shirô Hyôe m'a donné plein de conseils, puis il m'a dit en me regardant droit dans les yeux : « C'est sans doute une grande charge pour toi qui es si jeune… mais prends bien soin de lui ! », et il est parti.

« Je m'en vais jouer », dis-je après sept heures en filant de la maison.

Quand je rentre vers dix heures, j'entends dès la porte d'entrée la voix douloureuse de grand-père qui ne cesse d'appeler :

« O-Tsuné ! O-Tsuné !

– Qu'est-ce qu'il y a ?

– Et O-Tsuné ?

– Elle est rentrée chez elle. Il est dix heures !

– Est-ce qu'elle m'a donné à manger ?

– Mais bien sûr que tu as mangé.

– J'ai le ventre vide. Tu ne peux pas m'apporter quelque chose ?

– Il ne reste plus de riz.

– Ah bon ? Alors, qu'est-ce qu'on va faire ? »

La conversation n'est jamais vraiment logique. Grand-père répète sans arrêt les mêmes choses. Les mots qu'il prononce m'entrent par une oreille et ressortent par l'autre, puis il recommence à me poser les mêmes questions. Vraiment, il est complètement gâteux.

POSTFACE I

C'est la fin de ce journal. Le manuscrit que j'ai trouvé dans le grenier de mon oncle Shimagi, dix ans après l'avoir écrit, ne comporte rien d'autre : trente pages environ, écrites sur des feuillets d'écolier. Peut-être me suis-je arrêté là parce que le soir du 24 mon grand-père est mort. La dernière date de ce journal est le 16 mai, huit jours avant qu'il ne meure. À partir du 16, son état s'est considérablement aggravé. À la maison, j'étais très bousculé et je ne trouvais pas un moment pour écrire mon journal. Lorsque j'ai découvert ces feuillets, ce qui m'a semblé le plus étrange, c'est de ne plus avoir aucun souvenir de la vie quotidienne qui y est décrite. Où sont donc passés tous ces jours que j'ai oubliés si facilement ? Où se sont-ils évanouis ? Peut-être que l'homme se dilue dans le passé. Mais ces jours ont été fort bien conservés dans un coin du grenier de mon oncle, au fond d'une valise à lanière. C'était la mallette que mon père emmenait lorsqu'il partait à pied faire ses visites aux malades. Ayant dilapidé notre fortune dans de mauvaises opérations boursières, mon oncle avait bradé jusqu'aux meubles de notre salon. Avant que le contenu du grenier ne passât dans d'autres mains, j'étais allé voir si je ne trouvais pas quelque objet nous appartenant. J'ai découvert cette valise fermée à clé. J'en ai coupé la lanière avec un couteau qui se trouvait là. Elle était pleine de mes journaux d'enfance, ainsi que du *Journal de ma seizième année* tout en désordre. Ce journal révèle mon véritable état d'esprit à l'époque de ce passé oublié. L'état de mon grand-père était encore plus effroyable que le souvenir que j'en avais gardé. Pendant dix ans, ma mémoire n'avait cessé de purifier son image.

Je ne me souviens pas de chaque jour cité dans ce journal, mais je me rappelle très bien le moment où le médecin est venu à son chevet. Grand-père, qui avait l'habitude de mépriser et de se défier des docteurs, l'accueillit cette fois-là, s'en remit à lui sans difficulté et le remercia en pleurant. J'eus même l'impression qu'il lui était reconnaissant. Mais sa misérable solitude était pathétique. Il mourut le soir de l'enterrement de l'impératrice. Je ne savais pas si je devais assister au service funèbre célébré à cette époque au collège. L'école était à environ deux kilomètres cinq cents de notre village. Sans savoir vraiment pourquoi, je me sentais nerveux et n'avais aucune envie de participer debout, en rang, à cette cérémonie. Grand-père n'allait-il pas mourir pendant ce temps ? O-Miyo lui avait demandé la permission pour moi, et il avait répondu :

« Bien sûr ! Il faut qu'il y aille ; c'est le devoir du peuple japonais d'y aller.

– Oui, mais quand je rentrerai, est-ce que tu seras encore en vie ?

– Mais oui ! Tu peux partir ! »

Je me suis précipité sur la route, déjà en retard pour la cérémonie qui devait avoir lieu à huit heures. La lanière de ma socque se déchira. *(À l'époque, nous nous habillions à la japonaise à l'école.)* Je fis demi-tour à toute allure jusqu'à la maison. O-Miyo était là et, tout en me disant de façon bizarre que toutes ces choses n'étaient que superstition, elle m'encouragea quand même à repartir. Je changeai de socque et filai jusqu'à l'école.

Une fois la prière terminée, je me sentis encore plus angoissé. Il faisait nuit noire. Chaque maison avait allumé une petite lampe funéraire. J'enlevai mes socques, et fis deux kilomètres cinq cents pieds nus pour rentrer chez moi.

Ce soir-là, lorsque j'arrivai à minuit passé, grand-père vivait encore.

L'année de sa mort, en août, je quittai la maison. Je fus recueilli par mon oncle. Grand-père était très attaché à sa maison et ce fut pénible pour moi, lorsque par la suite elle fut vendue.

Plus tard, à force de naviguer entre mes proches parents, l'internat et diverses pensions, je perdis toute notion de ce que pouvaient être une famille ou un foyer. Je ne pensais plus qu'à me promener, et jusqu'à aujourd'hui je n'ai jamais eu envie de consulter notre arbre généalogique, enfermé dans le tiroir de l'autel des ancêtres chez O-Miyo, la seule personne en qui j'aie eu confiance ; même grand-père estimait qu'il valait mieux ne pas le montrer à nos cousins. Je ne me faisais aucun reproche à son endroit. Même si c'était un peu confus dans ma tête, je comptais sur la sagesse et la magnanimité des morts.

POSTFACE II

J'ai écrit : « Ayant dilapidé notre fortune dans de malheureuses opérations boursières, mon oncle avait bradé jusqu'aux meubles de notre salon. » En réalité, c'étaient mes cousins qui les avaient vendus, et je crois que cela s'était passé après la mort de mon oncle qui était un homme très sûr et très prudent. Lorsque je dis que la valise de consultation de mon père était pleine de mes journaux intimes d'adolescent, c'est un peu exagéré. Ces journaux datant de l'époque du collège, je les ai presque tous conservés et il n'y en a pas autant que ça.

Je me souviens de cette valise que, soi-disant, mon père emmenait quand il partait en consultation ; les médecins de l'époque n'utilisaient pas ce genre de mallette au fond dur et large. D'autre part, je ne sais pas exactement combien il y avait de pages dans cette « rédaction de trente pages écrite pour le collège », parce que, à vingt-sept ans, quand je l'ai recopiée, les feuillets originaux écrits à seize ans avaient été dispersés et en partie déchirés. J'en ai pourtant retrouvé deux pages quand j'ai voulu mettre de l'ordre dans tous mes vieux journaux, la vingt et unième et la vingt-deuxième. Comment s'étaient-elles glissées là, alors que j'avais atteint l'âge de vingt-sept ans ? Sans doute parce qu'elles avaient échappé à la destruction. Je les ai placées à la fin de l'édition. En les regardant, on peut penser que la rédaction ne devait pas faire trente pages. Elles ne sont pas écrites de façon régulière, avec un signe l'un au-dessous de l'autre dans chaque carré. Elles comptent bien plus de vingt lignes de vingt et un signes chacune, et je ne sais pas si cela fait vraiment trente pages.

Finalement, j'ai pensé que ces deux pages appartenaient au *Journal de ma seizième année* et je les ai gardées ; elles ne sont pas datées mais, de toute évidence, elles donnent une suite au récit que je viens de terminer. C'est pourquoi, j'ai pris la décision de les placer dans cette Postface II.

« Je me sens mal ! Ah ! Ah !... Un homme de bien finit toujours par mourir, même s'il donne l'impression de résister à la mort. »

J'entends à peine sa voix extrêmement faible.

« De qui parles-tu ?

– ... *(endroit illisible)*

– Tu veux parler de toi ?

– Tous les hommes sont mortels !

– Hein ? »

Dans la bouche de tout autre que mon grand-père, ces mots n'auraient rien d'extraordinaire. Mais, venant de lui, ils ont une connotation complexe, déclenchent en moi toute une série d'associations d'idées et me plongent dans un monde effrayant *(cinq caractères illisibles)*.

La voix plaintive de grand-père est faible, saccadée, et sa respiration courte évoque plutôt comme le râle du vomissement. Son état de santé empire énormément.

« O-Miyo, c'est toi ? Comment me trouves-tu ? Que ce soit le matin, le soir, au déjeuner ou au dîner, je vis entre le rêve et la réalité. Après avoir entendu parler Dieu, je suis inquiet. M'aurait-il abandonné ?

– Bien sûr que non… Dieu n'est pas comme ça… il vous respecte ! répond Miyo.

– Ah ! Je n'ai rien payé pendant un an ! *(Il avait utilisé de l'argent emprunté sans payer d'intérêts.)* Par exemple… même s'il ne s'agit que de dix yens… je suis inquiet… inquiet… »

Il répète ça au moins dix fois, et, à force, il a de plus en plus de mal à respirer.

« Grand-père, si on faisait venir un médecin ? Si ton état empirait, nous n'aurions aucune excuse vis-à-vis de la famille.

(Je n'ai pas écrit ce que grand-père a répondu. Je pensais qu'il allait refuser mais, contrairement à toute attente, il a accepté timidement. Je me souviens qu'il semblait triste.)

La vieille Tsuné est allée à la hâte chercher le médecin de Yadogawara.

O-Miyo prétend qu'il est absent.

« Monsieur, moi, j'ai reçu de l'argent de Samba *(le village de mon oncle)*, j'ai même payé ce qu'on devait à Obata avec l'argent de Tsunoé *(le village de la sœur cadette de mon père)*, alors, ne vous inquiétez pas.

– Ah bon ? Tant mieux, tant mieux ! »

Sa joie est douloureuse.

« Tu me dis de rester tranquille, mais je dois prier : Namu Amida Butsu, Namu Amida Butsu. »

Ah ! grand-père n'en a plus pour longtemps. Je me demande si je pourrai aller jusqu'au bout de ces feuillets.

Pendant l'absence d'O-Miyo, grand-père a décliné à vue d'œil. Maintenant, il est marqué au sceau de la mort.

J'arrête mon récit, et je pense avec effroi à ce qui va se passer après son décès. Pauvre de moi, seul au ciel et sur la terre !

Grand-père égrène ses « Nembutsu ».

« Regarde, mon ventre s'est ramolli. Jusqu'à maintenant, il était tout dur et gonflé. »

O-Tsuné revient en disant que le médecin est absent.

« Demain, il rentrera d'Osaka ; si ça ne peut attendre, je vais aller en chercher un autre.

– Que faire ? demande O-Miyo.

– Mais ce n'est pas si pressé que ça ! remarque O-Tsuné.

– C'est vrai, ce n'est pas tellement pressé », dis-je, le cœur serré, en apprenant que le médecin est absent.

Grand-père pousse à nouveau un ronflement. Est-ce qu'il s'est endormi ?

Sa bouche est ouverte, ses yeux mi-clos, sa silhouette sans vie.

Dans l'ombre incertaine de la lampe placée au bord du lit, les deux femmes sont là, silencieuses, le menton dans la main.

« Bon-Bon… que faire ? Je suis si mal !… c'est mieux comme ça !…

– Oui ! que faire ? » Et je fonds en larmes.

Le Journal de ma seizième année se termine par le récit du 15 mai, d'après lequel O-Miyo, empêchée, ne pouvait plus venir et avait été remplacée par O-Tsuné. Mais il me reste encore à raconter le jour où O-Miyo est revenue à la maison. Donc, lorsque j'écris dans la postface : « *Le Journal de ma seizième année* se termine ici », ce n'est pas exact. En fait, c'est parce que, au moment de la publication du texte, je n'avais le journal que jusqu'au 16 mai. Du reste, je crois bien qu'entre la partie du 16 et celle que je reproduis ici même, il doit y avoir encore quelques jours. Ces feuilles-là ont peut-être été perdues.

À quinze ans, après la mort de grand-père, il ne me restait plus un seul parent, et j'avais perdu ma maison.

Dans la postface, j'ai écrit : « Quand j'ai découvert ces feuillets, ce qui m'a semblé le plus étrange, c'est de ne plus avoir aucun souvenir de la vie quotidienne qui y est décrite. Où sont donc passés tous ces jours ? Où se sont-ils évanouis ? Peut-être que l'homme se dilue dans le passé. »

Ce qui me semble insolite c'est que j'aie vécu des mois sans en avoir gardé le moindre souvenir. C'est ce qui constitue la première énigme du *Journal de ma seizième année*.

Si j'ai tout oublié de ce passé, cela ne signifie pas pour autant qu'il soit perdu, ou que je veuille effacer cette œuvre de ma mémoire. Je ne suis pas de ceux qui oseraient modifier le temps ou le sens de la vie. Ce qui est sûr, c'est que j'ai vécu ces événements, et que j'ai voulu en porter témoignage.

J'ai une mauvaise mémoire, je ne peux donc pas m'y fier en toute sécurité. Il y a même des fois où je trouve agréable de ne me souvenir de rien.

La deuxième énigme, c'est pourquoi j'ai écrit ce journal. Une chose est certaine : sentant la mort de grand-père approcher, j'ai voulu consigner par écrit l'évolution de son état. Mais, en y réfléchissant bien, il est bizarre qu'à l'âge de quinze ans j'aie pu écrire ce journal jour après jour, assis aux côtés d'un homme qui se mourait.

Dans le texte du 8 mai, on lit : « J'étale mes feuilles de papier devant moi. Je suis à mon bureau, et O-Miyo s'est assise sur le tatami. Tous deux nous sommes prêts à écouter ses souvenirs qui lui sont si chers… »

J'ai écrit « bureau », mais en fait il s'agissait d'une sorte de tabouret au bord duquel j'avais fixé une chandelle. Je me souviens avoir écrit ce journal sur ce tabouret.

Grand-père étant presque aveugle, il ne pouvait pas savoir que je notais ses paroles.

Même en rêve, je n'aurais jamais imaginé que ce journal eût pu être publié en tant qu'œuvre littéraire. Si les lecteurs y ont eu accès, c'est bien grâce à ces notes prises sur le vif, et non à un talent littéraire longuement mûri.

Comme je transcrivais au fur et à mesure les paroles de grand-père, je n'ai pas eu le temps de travailler les phrases. Les mots se suivent n'importe comment, et il y a même des endroits illisibles.

Grand-père est mort à l'âge de soixante-quinze ans.

HUILE

Mon père est mort quand j'avais un an, et ma mère, l'année suivante. Je ne me souviens pas du tout de mes parents. Il ne me reste aucune photo de ma mère. Est-ce parce que mon père était beau qu'il conservait ses photographies, je ne sais, mais j'en ai trouvé trente à quarante de lui à tous les âges. Voilà pourquoi, à l'internat du collège, j'avais mis sur mon bureau celle où il avait la plus belle allure. Par la suite, ayant changé plusieurs fois de résidence, je les ai toutes perdues. Je regardais ces photos, mais elles n'évoquaient en moi aucun souvenir, et si je me disais que cet homme-là était mon père, spontanément, je ne ressentais pas la moindre émotion.

J'ai entendu de tous côtés de nombreuses rumeurs au sujet de mes parents, mais j'ai toujours eu l'impression qu'elles n'émanaient pas de personnes qui les avaient connus intimement.

Une année, au nouvel an, alors que je m'apprêtais à passer un pont en dos d'âne, je me suis vaguement souvenu d'avoir déjà fait ce trajet dans ma petite enfance. Je dis à ma cousine qui m'accompagnait :

« Je me demande si je n'ai pas déjà passé ce pont quand j'étais très jeune.

– Peut-être bien ! Ton père, allait souvent à Hamadéra ou à Sakaï, et il se peut qu'il t'ait emmené avec lui.

– Non ! C'est tout seul que j'ai passé ce pont.

– Mais c'est impossible ! Comment le monter et le redescendre seul à trois ou quatre ans ! C'est impossible ! Ton père et ta mère ont certainement dû te prendre dans leurs bras.

– Tu crois ? J'ai pourtant l'impression que j'étais tout seul.

– Quand ton père est mort, tu n'étais encore qu'un enfant. Tu étais très content qu'il y ait tant de monde ce jour-là à la maison. Mais tu n'as pas supporté quand on a planté les clous dans le cercueil. À cause de toi, on a dû arrêter, et cela nous a bien gênés. »

Lorsque, admis au lycée, j'ai revu mon oncle dix ans après, il a été très étonné de se trouver en face d'un adulte.

« La mort de ses parents n'empêche jamais un enfant de grandir. Si ton père et ta mère étaient en vie, ils seraient si heureux de te voir ainsi. Quand ils sont morts, tu nous as bien énervés avec tous tes caprices. Tu détestais le son de la clochette qu'on faisait tinter devant l'autel funéraire. Tu éclatais en sanglots dès que tu entendais ce bruit. Alors, on a décidé de ne plus la faire sonner. Tu as voulu aussi qu'on éteigne la veilleuse près de l'autel, et puis tu étais tellement agité que tu as tordu la bougie et renversé l'huile de la lampe en terre cuite. À l'enterrement de ton père, ta mère s'est mise à pleurer : elle était très en colère. »

En écoutant ma cousine, je n'avais pas le moindre souvenir de m'être réjoui parce que la maison était pleine de monde, ou d'avoir fait en sorte qu'on arrête de clouer le cercueil. Par contre, les paroles de mon oncle me communiquaient une chaleur intime comme si de petits amis oubliés venaient me réclamer. L'image de mon visage de très jeune enfant en pleurs, tout taché d'huile, tenant à la main un petit récipient en terre cuite, me revenait vaguement à la mémoire. Je revoyais les gros arbres du jardin de mon village natal, où j'avais l'habitude de monter chaque jour jusqu'à l'âge de quinze ou seize ans. Assis tout en haut comme un singe, je lisais.

Mes souvenirs étaient si précis que j'allais jusqu'à dire :

« Oui ! J'ai renversé l'huile à côté de la cuvette où on se lavait les mains, dans la galerie qui longe le salon, juste en face de l'arbre. »

Mais, à y bien réfléchir, la maison que nous habitions à la mort de mes parents se trouvait sur les bords de la Yodogawa, près d'Osaka.

Je me souvenais aussi du perron d'une autre maison dans laquelle nous avions habité à Yamamura, à sept ou huit kilomètres de la Yadogawa. Peu de temps après la mort de mes parents, elle avait été vendue, et comme j'étais retourné dans mon village natal, je n'en avais pas gardé de souvenirs très précis. Pourtant, je me rappelais vaguement que lorsque j'avais renversé l'huile, j'étais à la montagne. Cette lampe à huile, que vraisemblablement ma mère ou ma grand-mère devait tenir à ma place, n'avait pas nécessairement été renversée près de la cuvette où on se lavait les mains. J'ai beau faire, je ne peux m'empêcher de mélanger les souvenirs de mon père et de ma mère, qui se confondent dans ma tête. Même mon oncle a oublié de nombreux détails. Après tout, les souvenirs ne sont peut-être que des fantasmes. Par contre, je considère comme réelles ces images étranges qui me concernent directement et avec lesquelles je me sens en profonde intimité, même si elles engagent la respectabilité des autres.

Trois ou quatre ans après la mort de mes parents, ma grand-mère mourut, et trois ou quatre ans après ma grand-mère, ce fut le tour de ma sœur aînée. Chaque fois que grand-père m'obligeait à m'incliner devant l'autel des ancêtres, il vérifiait la mèche de la veilleuse. Jusqu'au jour où ma tante m'en parla, il ne me restait à la mémoire que ce geste de grand-père, mais à l'époque je ne cherchais pas du tout à savoir pourquoi il agissait ainsi. Ou bien avais-je isolé ce geste de son contexte parce que je détestais cette veilleuse et le son de la clochette ? Si j'avais renversé l'huile lors de l'enterrement de mes parents, c'était peut-être parce que je voulais faire disparaître la lampe en terre cuite. En écoutant ma tante me raconter cette histoire, je mesurais le chagrin que, par mes caprices, j'avais dû faire à grand-père. Lorsque j'avais tordu la bougie le jour de l'enterrement et renversé l'huile, grand-père avait réussi à transférer la flamme à une autre bougie. Personnellement, je me souviens d'avoir renversé l'huile, mais non d'avoir tordu la bougie. Tout cela me semblait risible. La vantardise de ma tante me faisait penser qu'elle exagérait peut-être. Grand-père ne mettait pas ce type de veilleuse devant l'autel des ancêtres. Jusqu'à mon entrée au collège, nous utilisions une veilleuse à huile ordinaire. Mon grand-père, à moitié aveugle, ne voyait aucune différence. Du reste, à la place d'une lampe à pétrole, nous nous servions d'une lanterne de style ancien.

En plus d'avoir hérité de la faible constitution de mon père, j'étais né prématurément, sans aucun espoir de croissance normale. Jusqu'à mon entrée à l'école primaire, je n'ai pas pu manger de riz. Parmi les aliments que je détestais, ceux cuits à l'huile végétale me faisaient vomir dès que je les mettais dans ma bouche. Quand j'étais petit, j'adorais les œufs, qu'ils soient au plat ou en omelette, mais je détestais l'huile dans la poêle, même si elle ne dégageait aucune odeur. Je me souviens que grand-mère et la bonne grattaient la croûte restée collée au fond et la mangeaient. Mon manque d'appétit était un souci constant pour mon entourage. Une fois, on m'avait dit que mon kimono était taché d'huile. J'avais refusé de le remettre avant qu'on le nettoie. Quand je passais la main dessus, j'éprouvais une impression très désagréable. Jusqu'à aujourd'hui, je ne la supporte pas. J'ai longtemps pensé que c'était parce que je la détestais, tout simplement. Mais, après avoir écouté les histoires de ma tante, je compris pour la première fois, pourquoi l'huile me dégoûtait autant, et je pus imaginer ce que devaient éprouver mes grands-parents lorsqu'ils cédaient à mes caprices d'enfant égoïste.

Alors que j'écoutais le récit de ma tante, tout à coup, un rêve surgit du fond de ma mémoire. Cela se passait le jour de la fête du temple, à la montagne, quand j'étais enfant. De nombreux petits récipients en terre cuite contenant chacun une lumière étaient suspendus dans le vide. Mon maître d'armes – un scélérat, assurément – m'avait amené devant ces rangées de lampes.

« Si tu peux casser en deux coups de sabre de bambou toutes ces lampes en terre cuite, je t'estimerai assez fort pour t'enseigner l'essence du kendô. »

J'abattis alors mon gros sabre de bambou en tapant sur les récipients, qui se cassèrent en mille morceaux. Je n'avais pu me retenir et avais frappé deux coups sans cligner des yeux. Toutes les lampes étaient brisées et il faisait complètement noir. À ce moment-là, les autres maîtres découvraient la méchanceté de cet homme. Alors je m'enfuyais, puis m'éveillais.

Il m'arrivait de temps en temps de faire ce rêve. Quand j'essayais de le mettre en parallèle avec les faits évoqués par ma tante, je pouvais entrevoir que, de la blessure causée par la mort précoce de mes parents, émanait du plus profond de moi un instinct combatif qui me poussait à me dresser contre mon infortune.

Les souvenirs qui me revenaient à la mémoire en ordre dispersé se clarifiaient et reprenaient vie, avec le ton intime et chaleureux des récits de ma tante et l'échange de nos salutations réciproques. Je n'avais plus envie de penser à ma séparation d'avec mes proches.

Quand j'étais adolescent, j'avais écrit des lettres à des amis, garçons et filles, dans lesquelles je me plaignais de la souffrance et de l'amer chagrin d'être orphelin. J'avais aussi placé la photo de mon père sur mon bureau. Mais très vite, j'avais commencé à me demander ce qu'était cette douleur de l'orphelin, et je m'étais rendu compte que je n'en savais rien, ou plutôt que je n'étais pas censé le savoir.

Si mes parents avaient vécu, c'eût été comme ci. Puisqu'ils étaient morts, c'était comme ça. Voilà ce que je comprenais. Pour moi, c'était ça le chagrin de l'orphelin. Mais ils étaient vraiment morts. Comment auraient-ils été s'ils avaient vécu ? Seul dieu pouvait le dire. S'ils avaient vécu un peu plus longtemps, c'eût été probablement encore plus triste. La maladie de mes parents, dont je ne me souviens plus du visage, contenait en elle la tragédie d'un jeune garçon. Assurément, ils m'ont laissé une blessure. Et cette blessure, je l'ai aperçue clairement pour la première fois quand j'ai pris de l'âge et que j'ai fait un retour sur moi-même. Je me suis alors demandé si, jusqu'à ce moment-là, il ne s'était pas agi seulement d'une habitude sentimentale ou du désir d'imiter un récit imaginaire.

C'est à l'internat du lycée que j'ai commencé à me rendre compte que ma capacité de résistance m'avait déformé. Dès que je me suis senti libre, j'ai été amené à cacher en lieu sûr ma faiblesse physique et ma blessure affective.

Résistant sans difficulté à cette souffrance quand il le fallait, n'éprouvant de sentiment de solitude que lorsque c'était nécessaire, ma docilité empêchait, en fait, la guérison même de cette solitude et de cette souffrance.

Ayant été privé de l'amour des miens depuis ma plus tendre enfance, je voyais la vie en noir et adoptais une vision des choses et une attitude qu'on aurait pu qualifier de honteuses. Me poignardant moralement moi-même, je jetais un cri et sombrais dans le désespoir.

Combien de fois n'ai-je pas contemplé avec ébahissement des enfants au théâtre ou dans des parcs accompagnés de leurs frères, sœurs, parents, bref... des familles comblées ? Il m'arrivait alors de me traiter d'imbécile, et de penser que je ne valais pas grand-chose. Il était préférable de ne pas rester accroché à mes parents décédés. Aussi, je décidai de me débarrasser une fois pour toutes des trente à quarante photos de mon père. Je devais réagir contre ce penchant qui me poussait à me considérer comme orphelin.

« Assurément, mon âme est belle ! » Au lieu de me réfugier à l'ombre de ma perversité, j'allais vers les espaces ouverts et me libérais à l'air pur. J'avais fini par trouver un équilibre proche du bonheur, à tel point qu'après avoir atteint ce sommet, je me dégoûtais moi-même. Je me demandais : « Est-ce que c'est bien ainsi ? » Je trouvais cette réponse : « Comme je n'ai pas eu une enfance normale, je peux bien ressentir maintenant une joie d'enfant. » Mais, avec une telle explication, je me trompais moi-même. Le bonheur qui arrivait enfin me faisait croire que j'étais débarrassé de ma nature fondamentale d'orphelin. J'étais comme un convalescent qui, après un long séjour à l'hôpital, aperçoit pour la première fois sous ses yeux la vie qu'il attendait avec impatience. Ayant ainsi changé, je pouvais donc écouter les histoires de ma tante et considérer ces événements de façon objective, au moment où leur souvenir me venait à l'esprit.

J'avais l'intuition que cette douleur provoquée par la mort de mes parents ne m'avait pas avantagé. J'essayai de manger des aliments cuits à l'huile végétale. Étrangement, j'y arrivai et ne remarquai plus leur odeur. Je criais : « Ça a marché ! ça a marché ! »

J'ai pensé de mille façons à cette transformation. Je détestais cette huile qui n'avait aucun rapport avec mes parents, et je me réjouissais d'avoir pu vaincre ce dégoût qui, finalement, se réduisait à peu de chose. Je refusais tout lien de cause à effet entre ma désolation de voir mes parents installés à la lueur de l'autel des ancêtres, le fait que j'avais répandu de l'huile dans le jardin, et mon dégoût de l'huile végétale. Je ne trouvais aucun intérêt à ce genre de relation.

« C'est grâce à l'huile que j'ai été sauvé ! »

J'aurais pu croire ça en constatant que j'étais guéri.

Je pensais que l'emprise de la mort de mes parents sur mon âme ne s'affaiblirait que le jour où je serais aimé de quelqu'un, ou deviendrais l'époux de quelqu'un. Le plus important était de garder un cœur pur, et j'espérais que ma guérison ne se limiterait pas à une seule cause, comme celle de l'huile.

Un espoir de plus en plus grand montait en moi : celui de travailler à la réalisation de ma propre vie, en m'élevant l'esprit et en préservant ma santé afin de vivre le plus longtemps possible.

Je me moquais de moi-même en me demandant si j'allais me forcer à boire de l'huile de foie de morue, et riais de cette histoire. Tous les jours, je me mis à boire un peu d'huile, et chaque fois, j'avais l'impression de me livrer à des libations macabres en mémoire de mes parents défunts.

Voilà bientôt dix ans que mon père est mort.

« Tout est clair maintenant ! » Tout est fini !

Je voudrais me prosterner avec des fleurs et une petite bougie devant l'autel de mes parents.

GRAND-MÈRE

Ma grand-mère s'appelait O-Kané. Avec quel idéogramme écrivait-on son nom ? Je l'ignore. Elle est morte alors que j'étais en première année d'école primaire. Je ne sais pas l'âge qu'elle avait à l'époque, mais comme elle avait cinq ou six ans de plus que mon grand-père, elle a dû mourir à soixante-dix ans environ.

Dans ma famille, mon père, ma mère, ma grand-mère, ma sœur et mon grand-père sont morts les uns après les autres : comme je n'avais pas encore sept ans lors du décès de ma grand-mère, je garde peu de souvenirs d'elle. Toutefois, sans que je sache pourquoi, il m'en reste deux bien précis.

Pour une raison quelconque, j'avais mis mon grand-père très en colère et il s'était levé pour me battre, ce qu'il faisait assez rarement. Je voulus m'enfuir. Pour moi, c'était facile, mais j'avais pitié de mon grand-père aveugle qui me poursuivait en se cognant contre les piliers et en déchirant les shojis (naturellement, grand-père connaissait tous les recoins de la maison, mais, décontenancé, il ne savait où se diriger). Je m'accroupis alors dans un coin de la pièce. Au moment où il allait m'attraper, grand-mère vint me protéger. Grand-père, ignorant que c'était grand-mère, se mit à la battre. Coincée, elle renversa un petit guéridon, fit tomber une bouilloire et mouilla le bas de son kimono. Puis elle s'étala par terre en poussant un cri. Grand-père, debout, resta figé tandis que j'étais toujours accroupi. Alors, tous les trois, nous nous mîmes à pleurer.

À l'époque, nous étions faibles et pleurnichards.

Mais, après la mort de grand-mère, grand-père n'eut plus la force de pleurer.

Tous les trois, nous vivions dans notre grande maison assez retirés du monde, mais en fait plutôt heureux. Mes grands-parents, qui avaient perdu leurs enfants, m'aimaient profondément. Grand-père, conscient de l'amour aveugle de grand-mère, semblait vouloir de temps en temps s'en libérer, mais chaque fois il s'y laissait prendre, lui aussi.

Un autre souvenir concerne quelque chose qui s'est passé le jour de la mort de ma grand-mère. Très frileuse, elle était prostrée, toute recroquevillée, devant l'autel des ancêtres. Depuis un an, elle souffrait de frissons et de dysenterie, et de la voir ainsi assoupie ne nous avait pas particulièrement surpris.

Elle s'était levée pour le déjeuner et n'avait pu se retenir de manger une pastèque, puis elle s'était recouchée. Je me tenais là, près de son oreiller, lorsqu'elle me dit qu'elle voulait mettre ses tabis. J'en pris une paire de blanches et les lui enfilai. Je vois encore ses petits pieds aux orteils tout ridés. Puis grand-mère enleva son matelas de l'endroit où il se trouvait, près de l'autel bouddhique, pour le mettre dans la chambre à coucher et me demanda de lui mettre une couverture sur les pieds.

Il m'arrivait souvent, à moi qui étais extrêmement gâté, de tourmenter grand-mère, de la battre et de lui donner des coups de pied. Inutile de dire que mes grands-parents, ni l'un ni l'autre, ne m'auraient jamais demandé de m'occuper d'eux, et, même s'ils l'avaient fait, je ne leur aurais certainement pas obéi. Malgré tout, lorsque je mis ses tabis à grand-mère et que je tirai la couverture sur ses pieds, je ne fus pas vraiment ému, mais il se passa quand même quelque chose en moi. Je le compris après, lorsqu'elle mourut deux ou trois heures plus tard. Moi qui étais si jeune, j'en fus bouleversé. Par la suite, je n'en ai parlé à personne, et maintenant quand je pense à elle, cela me soulage d'avoir gardé ce souvenir.

Grand-mère s'éteignit vers deux heures de l'après-midi. Grand-père, affolé, sortit de la maison, tourna sur la gauche et arriva près d'un grand citronnier :

« O-Mito ! O-Mito !... » cria-t-il d'une voie aiguë et douloureuse.

O-Mito était une habituée de la maison qui venait souvent nous voir. Elle habitait en face de l'ancienne demeure d'une vieille famille du village, à deux pâtés de maisons de chez nous. (De la douleur de grand-père à la mort de grand-mère, je ne me souviens que de sa voix.) O-Mito arriva. Deux fois, grand-mère fit un mouvement imperceptible du coude. O-Mito ne nous dit pas un mot.

Le jour de l'enterrement, il plut énormément. Ma sœur, élevée chez des parents, était revenue au village. Nous sommes allés jusqu'au cimetière. Moi, j'étais soutenu par Tanékichi et Nihira (le mari et le fils de O-Mito), et ma sœur par quelqu'un d'autre. C'est le seul souvenir que j'aie gardé.

Je crois que grand-mère est morte au début de l'automne, car elle n'avait pas encore mis ses tabis et le poêle n'était pas allumé, et je ne peux oublier la silhouette de grand-père, debout sous le citronnier, cet arbre si sombre et solitaire sur lequel mûrissaient des fruits jaunes et semblables à des yeux humains au regard nostalgique.

Le jour qui suivit l'enterrement, nous allâmes ramasser les os. Ils tombaient en poussière parce qu'ils avaient brûlé trop longtemps.

Après la mort de grand-mère, je devins de plus en plus capricieux. O-Sono, une de nos parentes, vint s'occuper de nous. Je sortais sans faire de bruit dans le jardin situé à l'ouest de la maison, m'appuyais paresseusement sur le mur et regardais longuement grand-père qui chantait des sutras bouddhiques. Un jour, j'essayai timidement d'ouvrir la porte de l'autel des ancêtres où brûlait une petite veilleuse. Devant se trouvaient deux panneaux blancs qui me rappelèrent aussitôt ma grand-mère. Son nom posthume y était calligraphié :

« Kôanin Tômyôji Rakuhôzenjô ni. »

Pour ouvrir et fermer les panneaux, on tournait avec le doigt une petite poignée en métal qui y était fixée. Je contemplai la lampe de l'autel. Je me sentais triste parce que des mains avaient sali le pourtour de la serrure toute noircie.

Plongé ainsi dans mes réflexions, quelques lambeaux de souvenirs me revinrent à la mémoire.

Dans notre maison, il y avait en bas deux lieux d'aisances. Pour se rendre à l'un d'entre eux, il fallait descendre dans le jardin, ouvrir une petite porte à côté de la resserre des condiments (qui n'était plus utilisée) et passer par un chemin sombre et humide. Je ne sais pourquoi, je me voyais là dorloté par grand-mère et accroché à ses basques.

Récemment, la maison ayant été vendue à un nommé Iwajirô, en rangeant des choses dans la réserve, j'ai découvert, au premier étage, une boîte pleine de bonnets de crêpe noir. J'ai pensé aussitôt qu'ils appartenaient à ma grand-mère, et j'ai éprouvé un peu de nostalgie. J'ai voulu évoquer son visage, mais il se confondait avec celui de grand-père et je n'arrivais plus à les différencier. Grand-mère était devenue chauve bien avant grand-père et portait souvent des bonnets. Je confondais aussi la tête de grand-mère avec celle de ma grand-tante de Kamimura, encore en vie, mais que je n'avais pas rencontrée depuis longtemps, et je voyais sous mes yeux deux bonnets flotter dans le vide.

Avant mon entrée à l'école primaire, grand-mère

m'apprenait les syllabaires et disposait à côté de moi de nombreux norimaki, ce qui me rendait très heureux. De constitution faible, je n'arrivais pas à manger, et j'aimais beaucoup ces sushis piquants enroulés d'une lamelle de poisson macérée dans de la sauce de soja.

Né prématurément de parents en mauvaise santé, personne ne croyait que je pourrais vivre et grandir. Quand j'étais petit, mon aspect physique était lamentable. Je ne me souviens pas avoir pris de repas régulièrement avant l'âge de huit ans. C'est la volonté de grand-mère qui a réussi à m'attacher un peu à la vie. J'ai souvent entendu dire que les voisins critiquaient la trop grande peine qu'elle prenait pour moi, et que cela m'avait encore affaibli. Pourtant, c'est bien grâce à ses soins que je ne suis pas mort. Lorsque j'entrai à l'école primaire, enrhumé comme je l'étais, avec mes cheveux longs, tout le monde me boudait.

Grand-père et grand-mère se faisaient alors beaucoup de souci parce que, en dehors d'eux, je ne connaissais rien du monde extérieur. Lorsque je suis rentré à la maison après avoir passé l'examen d'entrée de l'école, ils m'ont offert un bon repas. O-Mito, qui m'avait accompagné, leur avait dit que de nombreux enfants étaient en pleurs, mais pas moi. En fait, j'avais fondu en larmes dans la salle d'examen.

Il m'arrivait souvent de me prétendre malade et de manquer l'école. Grand-père et grand-mère me couchaient aussitôt et me donnaient des médicaments. Les enfants se rendaient en rangs à l'école sous la direction d'un surveillant. Quand mon absence durait trop longtemps, ils venaient me chercher à la maison. Ils finissaient par ouvrir de force la porte coulissante, et nous lançaient des pierres. Nous restions dans la maison jusque tard le soir, tous volets fermés. Après leur départ, on pouvait y voir les nombreux graffitis qu'ils avaient laissés derrière eux.

Sans doute n'était-il pas nécessaire de consigner par écrit tous ces souvenirs ; désormais, je ne risque pas de les oublier, mais sont-ils suffisamment importants pour que je veuille les oublier ?

Éditions originales japonaises

LETTRES À MES PARENTS
(*Fubo e no tegami*)

Parues de janvier 1932 à janvier 1934, dans les revues :
Wakagusa (Herbes tendres),
Bungeï jidaï (Les Temps littéraures(,
Bungeï (L'Art littéraire).

L'ADOLESCENT
(Shônen)

Shônen parut en 1984. Kawabata commença à en rédiger le texte en 1947. Cette nouvelle fut composée à partir de trois manuscrits :

– Son journal intime écrit à l'âge de dix-sept ans, alors qu'il était en cinquième année de collège, de 1916 à 1917 ;

– une rédaction faite quand il était en première année de lycée à Tôkyô, de 1917 à 1918 ;

– le texte de Souvenirs de Yugashima rédigé au cours de sa deuxième année d'université, en 1922.

JOURNAL DE MA SEIZIÈME ANNÉE
(Jûrokusaï no nikki)

Le *Journal de ma seizième année* a été écrit du 4 au 24 mai 1914. Kawabata, né le 11 juin 1899, allait donc avoir quinze ans. Mais la coutume japonaise veut que l'enfant, à sa naissance, ait déjà un an.

Ce texte fut publié en 1925, dans la revue *Bungeï Shunju*. Kawabata avait vingt-six ans. C'était quelques années après ses débuts littéraires.

Au moment de la publication, il a écrit une postface, puis une deuxième postface a été ajoutée, comprenant quelques pages retrouvées ultérieurement. Ce journal fut considéré comme sa première œuvre littéraire.

HUILE
(Abura)

Récit paru dans la revue Shinshichô en juillet 1921.

GRAND-MÈRE
(Sobo)

Paru dans la revue Bungeï jidaï en septembre 1926.

Table

Composition réalisée par INFOPRINT

IMPRIMÉ EN FRANCE PAR BRODARD ET TAUPIN
Usine de La Flèche (Sarthe).
LIBRAIRIE GÉNÉRALE FRANÇAISE - 6, rue Pierre-Sarrazin - 75006 Paris.
ISBN : 2 - 253 - 93232 - 9 42/3232/8